2019～2020年
科普图书出版情况报告

张志敏 陈 玲 闫进芳／著

科学出版社

北京

内 容 简 介

本书采用统筹筛选的方法，以全国图书馆联合编目中心数据库为主要数据来源，对 2019～2020 年出版的科普图书整体数量、类型等进行统计，力求制定一套相对全面的科普图书年度书目，为反映和把握科普图书年度整体出版情况提供参考。本书正文是 2019～2020 年科普图书出版的相关统计分析，涉及图书种类、数量、出版地、出版社、学科分布、作译者、价格等；附录包括 2019～2020 年出版的部分科普图书书目、科普图书分类数据表、科普图书榜单等。

本书适合从事科普创作、科普研究、科普管理以及更广泛意义上的科普工作的人员阅读和参考，同时对图书出版和发行研究也有一定借鉴意义。

图书在版编目（CIP）数据

2019～2020 年科普图书出版情况报告 / 张志敏，陈玲，闫进芳著 . —北京：科学出版社，2024.2

ISBN 978-7-03-077283-1

Ⅰ. ① 2… Ⅱ. ①张… ②陈… ③闫… Ⅲ. ①科学普及 - 图书出版 - 研究报告 - 中国 - 2019 - 2020 Ⅳ. ① G239.21

中国国家版本馆 CIP 数据核字（2023）第 229199 号

责任编辑：张 莉 / 责任校对：韩 杨
责任印制：师艳茹 / 封面设计：有道文化

科 学 出 版 社 出版
北京东黄城根北街 16 号
邮政编码：100717
http://www.sciencep.com

北京建宏印刷有限公司 印刷
科学出版社发行 各地新华书店经销

*

2024 年 2 月第 一 版 开本：720×1000 1/16
2024 年 2 月第一次印刷 印张：9
字数：112 750

定价：68.00 元
（如有印装质量问题，我社负责调换）

2019～2020年科普图书出版情况报告

课题组成员

张志敏　陈　玲　闫进芳　齐　钰　黄倩红

徐淑娴　王　驰　倪天予　齐　松　彭延晨

杜梓晴　孔乙柔子

数据及技术支持

索　晶　胡　砚　袁乐乐

前 言
Preface

　　党的二十大报告明确要求"加强国家科普能力建设""培育创新文化，弘扬科学家精神""推进文化自信自强，铸就社会主义文化新辉煌"①，为在新的历史起点上推进科普工作、构建大科普发展格局指明了方向。科普的快速、健康、可持续发展有赖于科普创作的不断发力。《"十四五"国家科学技术普及发展规划》《关于新时代进一步加强科学技术普及工作的意见》《全民科学素质行动规划纲要（2021—2035 年）》等文件都对加强科普创作进行了部署，强调"增强科普创作能力""加强科普作品创作""支持优秀科普原创作品"，进而为科普事业发展注入源头活水，蓄积强劲动能。

　　在欣欣向荣的科普作品市场中，科普图书始终是科学技术传播的最重要载体之一，即便是在传统纸质图书经受数字出版冲击的大背景下，依然保持着良好的发展态势。因而，做好科普图书相应的调查统计工作依然具有重要意义。

---

① 习近平.高举中国特色社会主义伟大旗帜 为全面建设社会主义现代化国家而团结奋斗——在中国共产党第二十次全国代表大会上的报告.北京：人民出版社，2022.

本书是中国科普研究"科普图书书目统计报告"研究项目的连续性成果。自 2017 年开始，中国科普研究所科普创作研究团队开始采用统筹筛选的方法，以全国图书馆联合编目中心数据库为主要数据来源，对年度出版的科普图书整体数量和类型等进行统计，并结合北京开卷信息技术有限公司"全国图书零售市场观测系统"中科普图书的相关销售数据，对当年出版科普图书的销售情况进行分析。目前，该系列研究已先后形成《2015 年出版科普图书统计报告》《科普图书出版与销售统计报告（2018）》《科普图书出版统计报告 2022》三本图书，详细呈现了 2015 年、2016 年科普图书的出版与发行情况，以及 2017～2018 年科普图书的出版情况，旨在为相关决策方、研究者和实践人员提供参考与借鉴。本书反映的是 2019 和 2020 年科普图书的出版情况。

在科普图书出版的统计工作中，如何确定图书的类型是一项很重要的工作。为了保持统计的连续性，本书继续沿用《2015 年出版科普图书统计报告》中对科普图书的定义与分类[1]，此处不另作赘述。最后，本书从全国图书馆联合编目中心数据库中提取出 2019 年出版的科普图书初始数据，经过数据清洗和人工甄选后，共确定 11 566 条[2]；提取出 2020 年出版的科普图书初始数据，经过数据清洗和人工甄选后，共确定 12 146 条。

通过整体梳理和分析可见，2019～2020 年我国科普图书发展步伐比较稳健。2019 年科普图书多项数据达到峰值或保持高位，这与当年经济态势发展良好有关。2020 年科普图书各项数据明显回落，这可能与短视频等数字媒体的发展及经济受疫情影响等有关。可以说，这两年科普图书取得的成果喜忧参半：一方面，TOP 领域活跃的出版社及作者的科普图书数量、种类

① 高宏斌，马俊锋. 2015 年出版科普图书统计报告 [M]. 北京：科学出版社，2018：8-12.
② 本书以国际标准书号（ISBN）为准统计科普图书出版种数，实际出版种数一般都比 ISBN 多，因为一个 ISBN 下可包含两种或以上不同内容的图书。

及销售增势迅猛，出现不少既叫好又叫座的优秀作品；另一方面，很多科研机构出版的科普图书仍然存在选题重复、表述形式单一等问题。

本书主要分为两部分。其中，正文包括三章内容，第一章总述 2019 年和 2020 年科普图书出版的总体发展态势，第二章、第三章分别对 2019 年和 2020 年科普图书出版情况进行详细统计和分析；附录主要包括 2019 年和 2020 年出版的科普图书部分书目及科普图书相关排名情况等。其中，2019 年和 2020 年出版的科普图书全部书目由于数据条目达万余条，体量庞大，故采用电子出版形式呈现。读者扫描附录中的二维码，即可下载查看 2019 年和 2020 年出版的整体科普图书书目。

由于本书依托和采用的原始图书数据库信息量庞大，科普图书的遴选和分类又不可能完全避免主观性，加之笔者能力有限，因此在遴选、统计、撰写过程中难免有不妥之处，恳请广大读者批评指正。

作　者

2023 年 11 月

目 录
Contents

第三章　2020 年科普图书出版概况

附录

第一章

2019～2020年科普图书出版概况

2006 年以来，我国科普图书出版发展态势总体向好。从科学技术部 2006～2020 年发布的《中国科普统计》数据来看，我国科普图书在出版种类、印数方面均呈现以增长为主的发展势头，2015 年跨上新台阶并形成峰值，随后在高位呈波动变化态势。

2019～2020 年我国科普图书出版在一些关键指标上仍呈波动变化，长线来看仍处于高位区。从科普图书的出版种数来看，2019 年较 2018 年增长 1348 种，继 2015 年、2017 年后，形成近十余年的第三个出版高峰，但 2020 年出现波动性回落，为 2015 年以来新低。从科普图书出版种数占当年图书出版种数的比例来看，2019 年超过 2017 年形成新峰值，2020 年虽有微幅回落，但仍超过 5%。从科普图书的印数来看，与 2017 年、2018 年相比，2019～2020 年呈现回升式变化，尤其是 2019 年科普图书的平均印数达到 2006 年以来的峰值。从单品种科普图书的平均印数来看，2019 年和 2020 年也呈现短期内的回升趋势，其中 2019 年平均印数重回万册以上。与此同时，2019～2020 年，我国每万人拥有科普图书的数量整体呈现回升趋势，其中 2019 年基本与 2015 年、2016 年的峰值齐平，但 2020 年呈波形回落。

一、科普图书的出版种数

（一）科普图书出版种数

2006～2020 年，我国科普图书出版种数基本保持增长态势。其间，2009 年科普图书出版种数跨上新台阶，之后平稳发展至 2015 年出现爆发式增长，形成峰值，达到 1.66 万种；自 2016 年起，科普图书出版种数在相对高位持续呈现年度间波动的态势。与 2018 年相比，2019 年科普图书出版种数显著增长，但 2020 年又出现大幅回落，创 2015 年以来新低（图 1-1）。

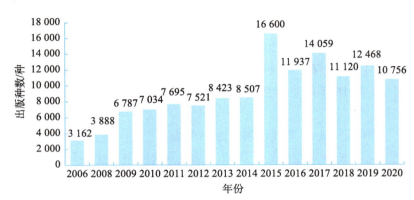

图 1-1　2006～2020 年科普图书出版种数

注：本部分数据来源于科学技术部历年发布的《中国科普统计》，《中国科普统计》中无 2007 年科普图书出版种数的相关统计数据，因此本图中无 2007 年的数据。

（二）科普图书出版种数占当年出版图书种数的比例

从科普图书出版种数占当年出版图书种数的比例来看，2010～2020 年总体保持上升趋势（图 1-2）。其中，2010～2014 年的科普图书出版种数占当年出版图书种数的比例一直比较低，

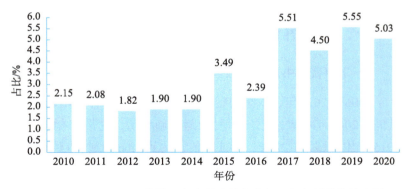

图 1-2　2010～2020 科普图书出版种数占当年图书出版种数的比例

注：本部分数据依据科学技术部历年发布的《中国科普统计》中科普图书出版种数与对应年份的《全国新闻出版业基本情况》中当年全国图书出版种数计算而得。

始终维持在 2.00% 左右；至 2015 年跃升至 3.49%，此后除 2016 年出现明显回落外，一直保持良好增长态势。特别是 2019 年这一比例达 5.55%，为 2010 年以来的峰值，2020 年虽有波动，但仍高于 5.00%。

二、科普图书的印数

2006～2020 年，科普图书的印数总体上保持波动式增长。以 2015 年为界，前期呈现窄幅波动低速发展，后期保持高位发展并伴有宽幅波动，特别是 2015～2017 年连续三年突破亿册大关（图 1-3）。2019 年，科普图书的印数在经历 2018 年的大幅回落之后又冲至近十年最高，达 13 527.00 万册，2020 年再次显著回落。这种情况的产生与数字阅读的发展有一定关联。《中国科普统计（2020 年版）》中指出："近年来，伴随着互联网进一步发展及智能手机、平板电脑等介质的普及，数字阅读成为公众重要的阅读形式。数字阅读产品的价格低廉和便利性，加之科普类新媒体的广泛应用，均会对纸质图书形成一

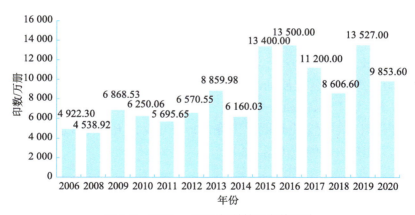

图 1-3 2006～2020 年科普图书的印数

注：本部分数据来源于科学技术部历年发布的《中国科普统计》，《中国科普统计》中无 2007 年科普图书出版种数的相关统计数据，因此本图中无 2007 年的数据。

定的冲击。"①

2006～2020 年，单品种科普图书的平均印数经历了一段先下降后波动回升的过程，分界点在 2012 年。总体来看，2019 和 2020 年的单品种科普图书平均印数还在持续回升（图1-4）。

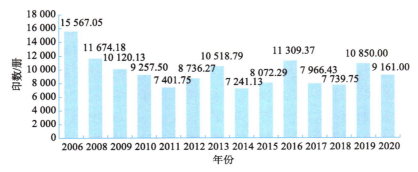

图 1-4　2006～2020 年单品种科普图书的平均印数

注：本部分数据来源于科学技术部历年发布的《中国科普统计》，《中国科普统计》中无 2007 年科普图书出版种数的相关统计数据，因此本图中无 2007 年的数据。

三、每万人拥有科普图书的数量

2006～2020 年，每万人拥有科普图书的数量有较大幅度的增长。其中，2006～2014 年每万人拥有科普图书的数量在300～700 册区间波动，2015 年、2016 年出现跨越式增长，一跃增至近千册，形成一组峰值。2017 年和 2018 年，每万人拥有科普图书的数量出现明显下降，2019 年又回升到 966 册，2020年又出现大幅缩减（图 1-5）。

① 中华人民共和国科学技术部．中国科普统计（2020 年版）[M]．北京：科学技术文献出版社，2021：77-78.

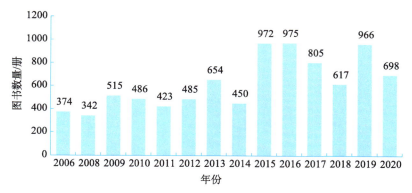

图 1-5 2009～2020 年每万人拥有科普图书的数量

注：本部分数据来源于科学技术部历年发布的《中国科普统计》，《中国科普统计》中无 2007 年科普图书出版种数的相关统计数据，因此本图中无 2007 年的数据。

第二章
2019 年科普图书
出版概况

据《中国科普统计（2020 年版）》数据，2019 年全国共出版科普图书 12 468 种，比 2018 年增加 1348 种，占当年全国图书出版种数的 5.5%；全国共出版科普图书 1.35 亿册，比 2018 年增加 0.49 亿册，占 2019 年全国出版图书总印数的 1.28%。2019 年，单品种科普图书平均出版量为 1.09 万册，比 2018 年增加 40.18%，平均每万人拥有科普图书 966 册[①]。

本书运用统筹筛选法，从全国图书馆联合编目中心数据库中提取初始科普图书（2019 年出版）数据，经过数据清洗和人工甄选后，最终确定 11 566 条（附表 1-1，详细书目信息可扫描附表 1-1 附带的二维码获得）。这一结果与科学技术部《中国科普统计（2020 年版）》公布的全国 2019 年出版科普图书的数据（12 468 种）比较接近。

第一节　2019 年科普图书出版统计情况分析

一、2019 年出版的科普图书类型

2019 年出版的科普图书中，核心科普图书有 6695 种，占所提取科普图书总数的 57.89%；一般科普图书有 1798 种，占所提取科普图书总数的 15.55%；泛科普图书有 3073 种，占所提取科普图书的 26.57%（图 2-1）。

---

① 中华人民共和国科学技术部 . 中国科普统计（2020 年版）[M]. 北京：科学技术文献出版社，2021：77-78.

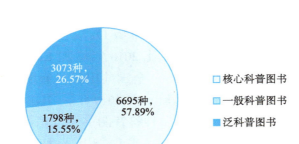

图 2-1　2019 年科普图书类型比例图

注：因数据四舍五入，加和不一定等于 100%，后同。

二、2019 年出版的科普图书学科分布

从学科分布来看（图 2-2），出版数量在千种以上的科普图书分布在六个学科领域，分别是 T（工业技术）类、R（医药、卫生）类、Q（生物科学）类、I（文学）类、S（农业科学）类和 G（文化、科学、教育、体育）类。与 2018 年相比，2019 年各学科科普图书出版种数均未突破 2000 种，G（文化、科学、教育、体育）类科普图书由不足 300 种增至突破千种，T（工业技术）类科普图书数量由第 4 位上升至第 1 位，R（医药、卫生）类、I（文学）类、S（农业科学）类科普图书数量分别从第 1 位落至第 2 位、从第 2 位落至第 4 位以及从第 3 位落至第 5 位，Q（生物科学）类科普图书相对而言无显著变化。总体上，T（工业技术）类、R（医药、卫生）类、Q（生物科学）类、I（文学）类、S（农业科学）类等学科领域仍然是目前科学普及的主要内容。

从科普图书类型与学科分布的交叉情况来看（表 2-1），核心科普图书主要分布在 Q（生物科学）类、G（文化、科学、教育、体育）类、R（医药、卫生）类、I（文学）类和 P（天文学、地球科学）类学科领域，总数达 3941 种，约占 2019 年出版核心科普图书总数的 58.86%。一般科普图书集中分布在 S（农业科学）类、T（工业技术）类、U（交通运输）类，总数 1627 种，约

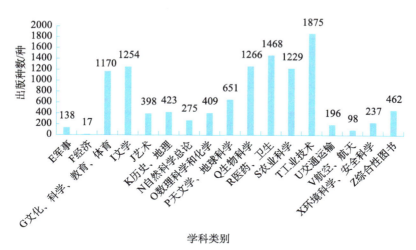

图 2-2 2019 年出版的科普图书学科分布情况

占 2019 年出版一般科普图书总数的 90.49%。泛科普图书主要分布在 I（文学）类、T（工业技术）类及 R（医药、卫生）类，总数为 1959 种，约占 2019 年泛科普图书出版总数的 63.75%。

表 2-1 2019 年出版的科普图书类型与学科分布交叉表

（单位：种）

科普图书学科分类	科普图书类型			总计
	核心科普	一般科普	泛科普	
E 军事	126	3	9	138
F 经济	16	0	1	17
G 文化、科学、教育、体育	935	39	196	1 170
I 文学	527	0	727	1 254
J 艺术	184	14	200	398
K 历史、地理	247	1	175	423
N 自然科学总论	249	0	26	275
O 数理科学和化学	399	0	10	409

续表

科普图书学科分类	科普图书类型			总计
	核心科普	一般科普	泛科普	
P 天文学、地球科学	519	17	115	651
Q 生物科学	1121	3	142	1 266
R 医药、卫生	839	57	572	1 468
S 农业科学	254	784	191	1 229
T 工业技术	462	753	660	1 875
U 交通运输	90	90	16	196
V 航空、航天	94	3	1	98
X 环境科学、安全科学	180	34	23	237
Z 综合性图书	453	0	9	462
总计	6 695	1 798	3 073	11 566

三、2019 年出版的引进版科普图书

在提取的科普图书数据中，2019 年出版引进版科普图书 3066 种，约占当年科普图书出版总数的 26.51%，与 2018 年相比，出版种数、比例均有小幅增长。引进版科普图书的来源地主要包括美国、英国、日本、法国、德国、韩国、加拿大等 35 个国家或地区，少于 2018 年的 39 个国家或地区。其中译自美国、英国、日本、法国、德国等几个国家的科普图书种数最多，合计 2366 种（分别为：美国 756 种、英国 743 种、日本 392 种、法国 312 种、德国 163 种）（图 2-3），占 2019 年出版引进版科普图书总数的 77.17%。与 2018 年相比，2019 年从日本引进的科普图书数量增长 147 种，基本与当年引进版科普图书数量的增加部分（158 种）相当。此外，原著为意大利、西班牙、苏联、比利时等国家的科普图书数量增长较快。

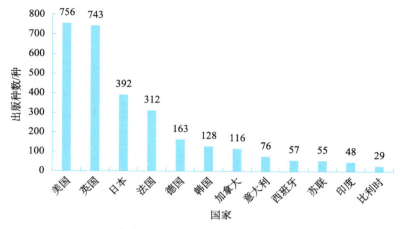

图 2-3　2019 年出版引进版科普图书的主要来源国分布情况

　　从引进版科普图书的学科分布情况（图 2-4）来看，Q（生物科学）类、I（文学）类、G（文化、科学、教育、体育）类、T（工业技术）类和 P（天文学、地球科学）类等几个学科的科普图书数量较多。值得注意的是，与 2018 年相比，引进版的 R（医药、卫生）类科普图书数量大幅降低，Q（生物科学）类科普图书数量持续增加，由此可推测国外生物科学类科普作品在中国市场表现良好。

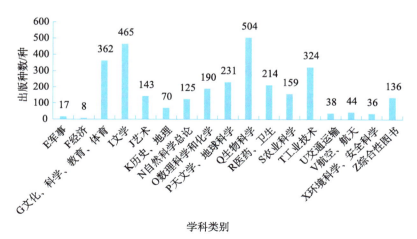

图 2-4　2019 年引进版科普图书的学科分布情况

四、2019 年出版的科普图书丛书

2019 年出版的科普图书中，丛书有 2240 种，占当年出版科普图书种数的 19.37%。从学科分布（图 2-5）来看，丛书主要集中于 S（农业科学）类，达 334 种，占丛书总数的 14.91%；其次是 R（医药、卫生）类、T（工业技术）类和 I（文学）类科普图书丛书。与 2018 年相比，R（医药、卫生）类科普图书丛书的出版数量明显减少。

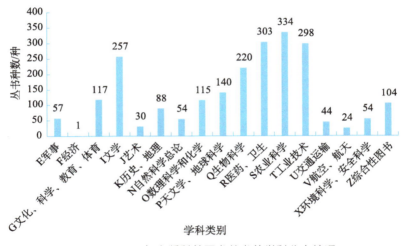

图 2-5　2019 年出版科普图书丛书的学科分布情况

五、2019 年出版的科普图书定价

根据图书定价统计情况，本项统计科普图书总数为 11 565 种。从定价情况（图 2-6）来看，定价在 31～40 元的科普图书数量最多，有 2047 种，占 2019 年出版科普图书总数的 17.70%。定价在 21～30 元及 41～50 元的科普图书，数量分别为 1951 种和 1869 种，分别占 2019 年出版科普图书总数的 16.87% 和 16.16%。

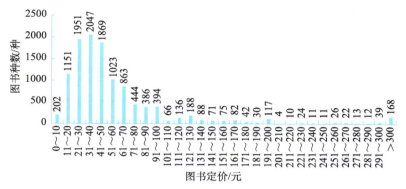

图 2-6　2019 年科普图书的定价分布情况

　　从 2019 年出版的科普图书学科与定价的交叉情况来看（表 2-2，本项统计科普图书总数为 11 565 种），在 0 ～ 10 元的定价区间，P（天文学、地球科学）类科普图书最多，有 30 种，占该定价区间科普图书出版总数的 14.85%；在 11 ～ 20 元的定价区间，最多的科普图书是 G（文化、科学、教育、体育）类，有 233 种，占该定价区间科普图书出版总数的 20.24%；在 21 ～ 30 元的定价区间，最多的科普图书是 I（文学）类，有 369 种，占该定价区间科普图书出版总数的 18.91%；在 31 ～ 40 元的定价区间，最多的科普图书是 R（医药、卫生）类，共 371 种，占该定价区间科普图书出版总数的 18.12%；在 41 ～ 50 元的定价区间，最多的科普图书是 T（工业技术）类，有 408 种，占该定价区间科普图书出版总数的 21.83%。各学科较为集中的定价区间是 30 ～ 40 元，共有 2047 种，占 2019 年科普图书出版总数的 17.70%；其次是 21 ～ 30 元和 41 ～ 50 元两个定价区间，分别为 1951 种和 1869 种，分别占该年科普图书出版总数的 16.87% 和 16.16%。

表 2-2　2019 年出版的科普图书学科及定价情况交叉表

科普图书学科分类	定价区间/元												总计
	0～10	11～20	21～30	31～40	41～50	51～60	61～70	71～80	81～90	91～100	101～200	>200	
E 军事	12	9	23	11	23	10	15	8	3	7	15	2	138
F 经济	1	2	1	2	6	0	1	0	1	1	2	0	17
G 文化、科学、教育、体育	22	233	186	267	161	62	56	26	31	28	82	16	1170
I 文学	5	219	369	237	211	57	48	31	12	12	46	7	1254
J 艺术	2	52	112	52	31	18	24	12	21	23	36	15	398
K 历史、地理	3	28	53	70	49	52	41	15	22	19	51	20	423
N 自然科学总论	0	21	40	52	28	32	28	10	16	7	28	13	275
O 数理科学和化学	14	26	84	89	64	49	29	19	5	9	11	10	409
P 天文学、地球科学	30	90	119	89	87	49	42	22	20	31	61	11	651

续表

科普图书学科分类	定价区间/元												总计
	0~10	11~20	21~30	31~40	41~50	51~60	61~70	71~80	81~90	91~100	101~200	>200	
Q 生物科学	14	116	207	208	139	105	85	50	43	51	162	86	1 266
R 医药、卫生	19	107	147	371	350	153	96	44	24	32	64	61	1 468
S 农业科学	24	89	234	228	179	119	91	33	43	39	105	44	1 228
T 工业技术	10	52	131	218	408	248	254	137	115	110	150	42	1 875
U 交通运输	0	13	21	13	30	23	27	13	19	9	27	1	196
V 航空、航天	0	2	23	20	27	8	3	2	1	1	6	5	98
X 环境科学、安全科学	25	34	72	38	25	8	4	6	3	7	14	1	237
Z 综合性图书	21	58	129	82	51	30	19	16	7	8	35	6	462
总计	202	1 151	1 951	2 047	1 869	1 023	863	444	386	394	895	340	11 565

六、2019 年出版的科普图书页数

统计显示（图 2-7，由于部分书目页数不详，本项统计科普图书总数为 10 996 种），2019 年出版的页数在 101～200 页的科普图书数量最多，有 3790 种，占该年出版科普图书总数的 34.47%；其次为 1～100 页和 201～300 页的科普图书，数量分别为 2629 种和 2310 种，分别占该年出版科普图书总数的 23.91% 和 21.01%。这一情况与 2018 年出版的科普图书页数情况基本相同。

图 2-7　2019 年出版科普图书的页数分布情况

第二节　2019 年出版的科普图书的出版地与出版社分析

一、出版地

（一）概况

统计结果显示（图 2-8，因版面限制，本图只显示出版科普图书数量在 100 种以上的城市），2019 年全国共有 54 个城市出

版了科普图书，其中北京、上海、南京、成都、长春出版的科普图书数量位列前 5 位，合计出版科普图书 7575 种，占全国出版科普图书总数的 65.49%。北京出版的科普图书数量最多，达 5654 种，占全国出版科普图书总数的 48.88%，以绝对优势高居榜首；上海、南京、成都、长春出版的科普图书分别为 602 种、530 种、430 种、359 种，分列第 2 至第 5 位。在出版地方面，科学技术部是以省级行政区划为单位进行统计的，出版科普图书种数位列前 5 名的地区分别是北京、江西、上海、湖南和辽宁，本书则是以市为单位进行统计的；在出版数量方面，科学技术部的统计结果显示，北京、上海在 2019 年出版的科普图书数量分别为 4441 种和 776 种[①]，与本书的统计结果有一定出入。

图 2-8　2019 年出版科普图书的出版地分布情况

2019 年，北京、上海、南京、成都、长春 5 个城市共有 277 家出版单位出版了科普图书，其出版单位数量依次为 201 家、36 家、16 家、14 家、12 家。这 5 个城市的科普图书出版单位平均出版科普图书的数量依次为 28 种、17 种、33 种、31 种、30 种。其中，出版科普图书数量排名前 5 位的出版单位分

① 中华人民共和国科学技术部 . 中国科普统计（2020 年版）[M]. 北京：科学技术文献出版社，2021：80.

别为化学工业出版社（427 种）、人民邮电出版社（325 种）、中国农业出版社（265 种）、中信出版社（233 种）、电子工业出版社（221 种）。从以上统计数据可以看出，北京虽然在科普图书出版数量、出版单位数量等方面占有绝对优势，但出版单位在平均出版科普图书数量方面的表现并不突出，与往年情况类似。

（二）出版地与学科分布

从表 2-3 可以看出，北京出版的科普图书多集中在 T（工业技术）类，上海、南京出版的科普图书多集中在 R（医药、卫生）类，成都出版的科普图书多集中在 I（文学）类，长春出版的科普图书多集中在 G（文化、科学、教育、体育）类。总体来看，这 5 个城市出版的科普图书集中在 T（工业技术）类、R（医药、卫生）类、G（文化、科学、教育、体育）类、S（农业科学）类和 I（文学）类。

表 2-3　2019 年出版地排名前 5 位出版的科普图书学科分布

（单位：种）

科普图书学科分类	北京	上海	南京	成都	长春	总计
E 军事	70	9	8	5	18	110
F 经济	10	1	3	0	0	14
G 文化、科学、教育、体育	526	90	76	53	65	810
I 文学	439	74	71	111	37	732
J 艺术	177	4	22	33	11	247
K 历史、地理	197	26	16	18	14	271
N 自然科学总论	113	26	4	9	6	158
O 数理科学和化学	194	33	15	5	14	261
P 天文学、地球科学	269	31	29	18	24	371
Q 生物科学	472	68	68	48	50	706
R 医药、卫生	711	104	85	31	33	964

续表

科普图书学科分类	北京	上海	南京	成都	长春	总计
S 农业科学	701	18	21	35	20	795
T 工业技术	1293	62	57	33	36	1481
U 交通运输	127	10	7	8	9	161
V 航空、航天	62	2	3	3	2	72
X 环境科学、安全科学	118	8	3	3	8	140
Z 综合性图书	175	36	42	17	12	282
总计	5654	602	530	430	359	7575

（三）出版地与科普图书类型

就科普图书类型而言，北京、上海、南京、成都、长春出版的核心科普图书较多（图 2-9），共有 4233 种，占这 5 个城市出版科普图书总数的 55.88%，占 2019 年全国出版核心科普图书总数的 63.23%。这 5 个城市出版的一般科普图书和泛科普图书分别为 1400 种、1942 种，分别占这 5 个城市出版科普图书总数的 18.48% 和 25.64%，分别占 2019 年全国出版一般科普图书和泛科普图书总数的 77.86% 和 63.20%。

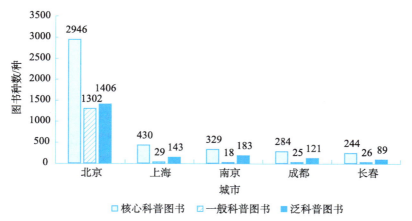

图 2-9 2019 年出版科普图书数量排名前 5 位的出版地的图书类型分布

（四）出版地与引进版科普图书

从引进版科普图书的情况（图 2-10，因版面限制，本图未显示引进版科普图书出版数量较少的地区）来看，北京出版的引进版科普图书最多，有 1438 种，约占 2019 年引进版科普图书出版总数的 46.90%，成都、南京、上海、武汉等地出版的引进版科普图书也较多，上述这 5 个城市出版引进版科普图书合计为 2015 种，约占当年引进版科普图书出版总数的 65.72%。

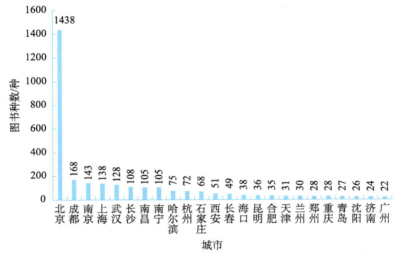

图 2-10　2019 年各出版地出版引进版科普图书的情况

从引进版科普图书的来源国别（表 2-4，因版面限制，本表不体现出版引进版科普图书较少的地区及来源国别）来看，各地出版引进版科普图书的来源国别有所不同，如北京、上海、成都、南京译自美国的科普图书较多，分别有 403 种、62 种、52 种、31 种；北京、南宁译自英国的科普图书较多，分别有 339 种、51 种；北京、海口、南京译自日本的科普图书较多，分别有 199 种、20 种、18 种；北京、上海译自法国的科普图书较多，分别为 128 种、28 种；北京、武汉译自德国的科普图书较多，分别为 91 种、40 种。值得一提的是，北京由于出版引进版科普图书最多，因此译自各国的科普图书数量都很多，特别是译自美国、英国、日本、法国等国的科普图书均在 100 种以上。

表 2-4　2019 年各出版地出版的引进版科普图书的来源国别情况

（单位：种）

出版地	译著来源国别						总计
	美国	英国	日本	法国	德国	其他	
北京	403	339	199	128	91	278	1438
成都	52	28	9	11	2	66	168
南京	31	21	18	17	21	35	143
上海	62	32	7	28	1	8	138
武汉	12	38	14	15	40	9	128
长沙	30	30	7	7	0	34	108
南昌	6	13	16	5	0	65	105
南宁	7	51	14	21	0	12	105
哈尔滨	20	25	10	10	0	10	75
杭州	23	9	16	2	1	21	72
石家庄	9	24	8	5	0	22	68
西安	7	26	3	5	2	8	51
长春	10	7	3	7	0	22	49
海口	6	5	20	0	0	7	38
昆明	9	20	0	2	0	5	36

续表

出版地	译著来源国别						总计
	美国	英国	日本	法国	德国	其他	
合肥	6	13	5	8	0	3	35
天津	7	5	3	3	2	11	31
兰州	2	14	0	13	0	1	30
郑州	3	6	5	3	1	10	28
重庆	11	10	0	3	1	3	28
青岛	3	1	10	0	0	13	27
沈阳	6	1	8	6	0	5	26
济南	3	1	4	5	0	11	24
广州	10	2	2	1	0	7	22
总计	738	721	381	305	162	666	2973

二、出版社

（一）概况

本书统计结果显示，2019年全国出版科普图书的出版社共有521家，占全国出版社总数的89.06%（截至2019年底，全国共有出版社585家[①]）。其中化学工业出版社出版科普图书最多，有427种，排名前10位的出版社还有人民邮电出版社、中国农业出版社、中信出版社、电子工业出版社、清华大学出版社、北京联合出版公司、机械工业出版社、中国农业科学技

[①] 国家新闻出版署. 2019年全国新闻出版业基本情况 [EB/OL]. https://www.nppa.gov.cn/xxgk/fdzdgknr/tjxx/202305/P020230530663740561081.pdf[2023-08-29].

术出版社、江苏凤凰科学技术出版社，这 10 家出版社合计出版科普图书 2445 种（图 2-11），占同年全国出版科普图书总数的 21.14%。

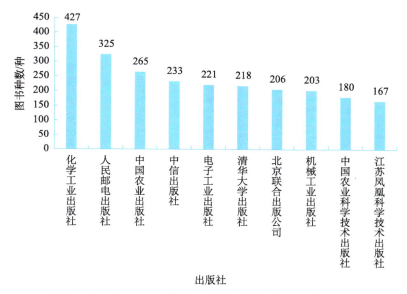

图 2-11 2019 年出版科普图书数量排名前 10 位的出版社

统计发现，社名中含有"科学技术"的出版社是出版科普图书的重要力量。本书共统计出该类出版社 29 家，从出版数量来看，该类出版社共出版科普图书 1740 种，占 2019 年全国出版科普图书总数的 15.04%。其中中国农业科学技术出版社出版科普图书最多，有 180 种，其次为江苏凤凰科学技术出版社、北京科学技术出版社、吉林科学技术出版社、天津科学技术出版社、湖南科学技术出版社、四川科学技术出版社、福建科学技术出版社、黑龙江科学技术出版社、上海科学技术出版社、上海科学技术文献出版社、安徽科学技术出版社、河北科学技术出版社、新疆科学技术出版社、湖北科学技术出版社等，以上出版社在 2019 年出版的科普图书数量均在 50 种以上（图 2-12）。

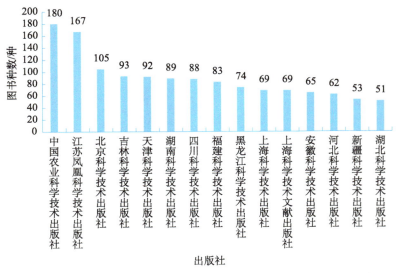

图 2-12　2019 年社名中含有"科学技术"的出版社出版科普图书情况

注：本图只显示此类出版社中出版科普图书在 50 种以上的出版社。

（二）出版社与出版科普图书学科

从 2019 年出版科普图书数量排名前 10 位的出版社的出版情况（图 2-13）来看，出版的科普图书多集中在 T（工业技术）类和 S（农业科学）类。出版 T（工业技术）类科普图书最多的是人民邮电出版社，共出版 129 种；其次是化学工业出版社，出版 121 种。出版 S（农业科学）类科普图书最多的是中国农业出版社，共出版 207 种；其次是中国农业科学技术出版社，出版 162 种。从出版情况来看，T（工业技术）类科普图书呈现两极分化的趋势，人民邮电出版社、清华大学出版社、化学工业出版社、电子工业出版社、机械工业出版社的科普图书出版数量均在 90 种以上，中信出版社、江苏凤凰科学技术出版社、中国农业出版社、北京联合出版公司和中国农业科学技术出版社的科普图书出版数量均不足 40 种；S（农业科学）类科普图书的出版呈现双峰并立的局面，中国农业出版社和中国农业科学技术出版社出版的 S（农业科学）类科普图书数量分别为 207 种和 162 种，远高于其他出版社。

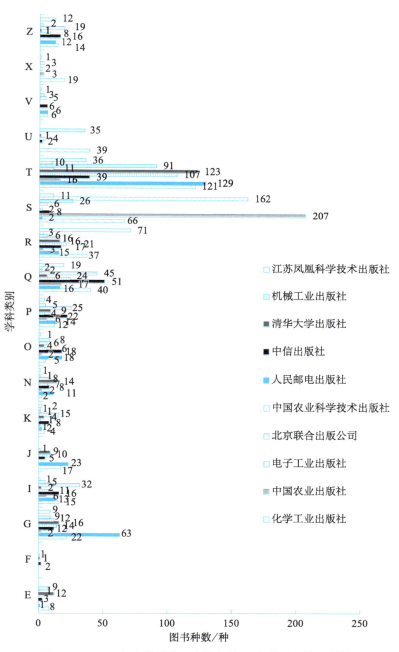

图 2-13　2019 年出版科普图书排名前 10 位的出版社出版的
科普图书学科分布情况

（三）出版社与出版科普图书类型

从科普图书类型（图 2-14）来看，排名前 10 位的出版社出版核心科普图书数量最多，有 1142 种，约占这 10 家出版社出版科普图书总量的 46.71%；其次为一般科普图书和泛科普图书，分别为 842 种和 461 种。从各出版社的出版情况来看，化学工业出版社出版的核心科普图书最多，有 181 种；中国农业出版社出版的一般科普图书最多，有 190 种；江苏凤凰科学技术出版社出版的泛科普图书最多，有 81 种。

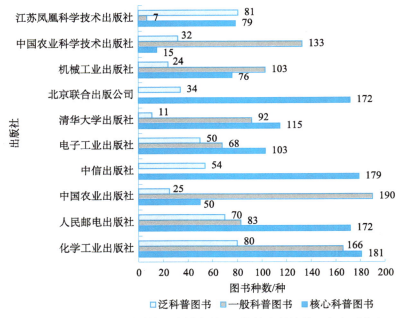

图 2-14　2019 年出版科普图书排名前 10 位的出版社的图书类型分布

（四）出版社与引进版科普图书

本书统计结果显示，2019 年出版引进版科普图书的出版社共有 261 家，共出版引进版科普图书 3066 种。其中，中信出版社出版引进版科普图书最多，共 182 种；其次为北京联合出版公司、人民邮电出版社和接力出版社，分别出版 122 种、115 种和 100

种（图2-15）。出版科普图书数量最多的化学工业出版社出版引进版科普图书仍不多，仅有42种，排在第14位；人民邮电出版社不仅出版科普图书的整体数量较多，出版引进版科普图书的数量也较多。前文已述，引进版科普图书的来源国别主要集中在美国、英国、日本、法国、德国等，具体到各出版社，则各有侧重。从图2-16可以看出，中信出版社译自美国、英国和日本的科普图书最多，分别有47种、75种和21种；接力出版社译自英国的科普图书最多，有50种；国家开放大学出版社译自德国的科普图书最多，有31种。

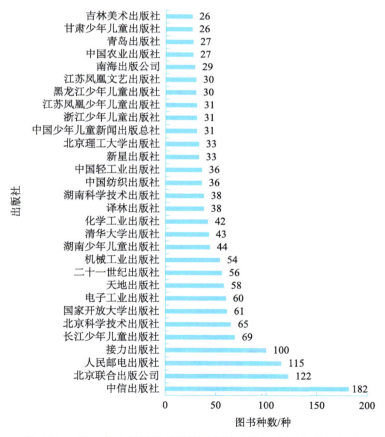

图2-15 2019年出版引进版科普图书数量排名前30位的出版社

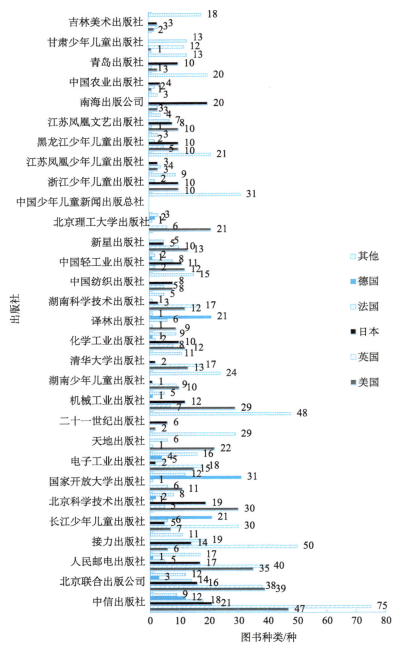

图 2-16　2019 年出版引进版科普图书排名前 30 位的出版社的
科普图书来源国别情况

第三节　2019 年出版的科普图书的作者与译者分析

一、作者

（一）概况

表 2-5 是 2019 年出版科普图书数量排名前 50 位的作者，这些作者共出版图书 1332 种，占该年出版科普图书总数的 11.52%。其中，出版科普图书最多的作者是儒勒·凡尔纳，共有 69 种，儒勒·凡尔纳是世界著名科幻小说家，他的作品久经考验，经久不衰；其次是国开童媒和童趣出版有限公司，出版的科普图书数量分别为 64 种和 58 种。

表 2-5　2019 年出版科普图书数量排名前 50 位的作者

（单位：种）

序号	作者	科普图书数量	序号	作者	科普图书数量
1	儒勒·凡尔纳	69	8	笑江南	36
2	国开童媒	64	9	欧内斯特·汤普森·西顿	34
3	童趣出版有限公司	58	10	上海新创华文化发展有限公司	32
4	亨利·法布尔	52	11	崔钟雷	31
5	袁博	51	12	克里斯·费里	31
6	萨巴蒂娜	44	13	吴祥敏	31
7	李毓佩	39	14	燕子	31

续表

序号	作者	科普图书数量	序号	作者	科普图书数量
15	Blue Ocean 公司	31	33	明日科技	19
16	美国迪士尼公司	30	34	纸上魔方	19
17	雨田	30	35	北京市数独运动协会	18
18	巨童文化	28	36	新疆维吾尔自治区科学技术协会	18
19	维·比安基	24	37	高士其	17
20	保冬妮	24	38	和继军	17
21	童心	24	39	西班牙 Sol90 出版公司	17
22	王俊卿	24	40	刘慈欣	17
23	夏吉安	24	41	文贤阁编写组	16
24	杨杨	24	42	于春华	16
25	张龙	24	43	张志伟	16
26	赵闯	24	44	OM 公司	16
27	庄建宇	22	45	崔玉涛	15
28	北京华图宏阳图书有限公司	22	46	寒木钓萌	15
29	华强方特（深圳）动漫有限公司	22	47	铃木守	15
30	江晓原	22	48	英国尤斯伯恩出版公司	15
31	陈燕虹	20	49	廉东星	14
32	陈敦和	19	50	蔡杏山	13

（二）作者与出版社

就作者作品在出版社的出版情况而言，大致可分为分布出版和集中出版两种情况。以 2019 年出版科普图书数量排名前 10 位的作者为例，从图 2-17（因版面限制，图中只展示出版种类排名前 20 位的出版社）中可以看出，儒勒·凡尔纳、亨利·法布尔、袁博、李毓佩、上海新创华文化发展有限公司等的作品在许多出版社都有出版，相对较为分散；国开童媒、童趣出版有限公司、萨巴蒂娜、笑江南和崔钟雷的作品出版社则比较集中，国开童媒的作品主要在国家开放大学出版社（有 64 种）出版，童趣出版有限公司的作品主要在人民邮电出版社（有 58 种）出版，萨巴蒂娜的作品集中在中国轻工业出版社（有 33 种）出版，笑江南的作品集中在中国少年儿童新闻出版总社（有 36 种）出版，崔钟雷的作品集中在哈尔滨出版社和黑龙江美术出版社出版，分别为 14 种、17 种。在 2019 年出版科普图书数量排名前 50 位的作者中，李毓佩、崔钟雷、吴祥敏、夏吉安、杨杨、赵闯、庄建宇、江晓原、纸上魔方、刘慈欣、于春华、寒木钓萌的作品都曾入选科学技术部的"全国优秀科普作品"名录。

（三）作者与主题词

主题词是指一本图书的关键词，是对该图书内容及其所属类别的简要概括，在中国图书馆分类法中往往标注为"论题名称主题－款目要素"。在 2019 年出版的科普图书中，共统计出主题词 2429 个，其中"智力游戏"的出现频次最高，共有 495 次；其次是"科学知识"和"图画故事"，出现频次分别为 488 次和 365 次。出现频次最高的前 50 个主题词及其出现频次如表 2-6 所示。

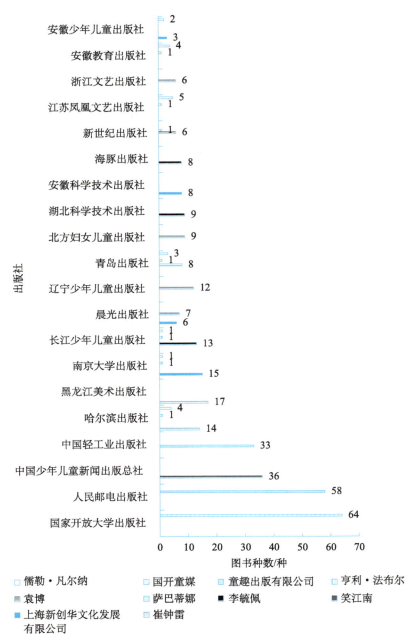

图 2-17　2019 年出版科普图书数量排名前 10 位的作者与出版社交叉图

表 2-6 2019 年出版的科普图书主题词 TOP 50 及其出现频次

（单位：次）

序号	主题词	出现频次	序号	主题词	出现频次
1	智力游戏	495	18	童话	92
2	科学知识	488	19	自然科学	91
3	图画故事	365	20	鸟类	89
4	幻想小说	270	21	汽车	87
5	漫画	246	22	程序设计	86
6	动物	241	23	表处理软件	84
7	数学	215	24	人体	73
8	长篇小说	206	25	人工智能	69
9	恐龙	206	26	地理	68
10	儿童小说	205	27	小儿疾病	66
11	植物	154	28	科学技术	65
12	儿童故事	149	29	软件工具	64
13	小学数学课	143	30	养生（中医）	58
14	婴幼儿	119	31	汉语拼音	58
15	宇宙	114	32	天文学	57
16	昆虫	113	33	森林	57
17	二十四节气	110	34	地球	57

续表

序号	主题词	出现频次	序号	主题词	出现频次
35	儿童	55	43	物理学	49
36	菜谱	54	44	食谱	49
37	妊娠期	53	45	保健	47
38	短篇小说	52	46	动画	45
39	安全教育	52	47	办公自动化	44
40	历史地理	51	48	环境保护	43
41	昆虫学	51	49	科学实验	41
42	海洋	51	50	图像处理软件	38

以 2019 年出版科普图书数量排名前 10 位作者为例，将其与出现频次排名前 10 位的主题词交叉对比可以看出同一作者出版的科普图书在内容方面的分布情况。图 2-18 是 2019 年出版科普图书排名前 10 位的作者出版科普图书的主题词分布情况，可以看出，有些作者出版的科普图书主题词相对集中，如袁博的作品主题词集中在"儿童小说"，萨巴蒂娜的作品主题词集中在"幻想小说"，李毓佩的作品主题词集中在"数学"；还有一些作者的作品主题词相对比较分散，如儒勒·凡尔纳的作品主题词除"长篇小说"外，还有"幻想小说""智力游戏"等；童趣出版有限公司的作品主题词除"智力游戏"外，还有"图画故事""科学知识"等。从图 2-18 还可以看出，2019 年出版科普图书数量排名前 10 位的作者的作品主题词出现频次最高的是"智力游戏"，共 78 次，其次为"幻想小说""长篇小说""儿童小说""数学""漫画""图画故事"等，这与主题词 TOP 50 的出现频率排名情况稍有不同。

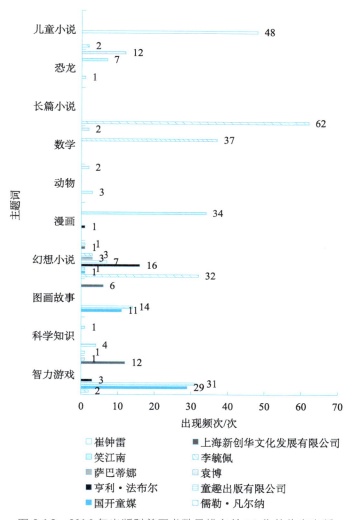

图 2-18   2019 年出版科普图书数量排名前 10 位的作者出版
科普图书的主题词分布情况

二、译者

(一) 概况

本书统计结果显示，2019 年共出版引进版科普图书 3066

种，译者有 2146 位，平均每位译者翻译 1.43 种引进版科普图书。译者中出版 2 种及以上科普图书的有 523 位，出版 1 种科普图书的有 1623 位。表 2-7 是 2019 年出版引进版科普图书数量排名前 50 位的译者。这些译者共翻译科普图书 514 种，占该年引进版科普图书总数的 16.76%。从表 2-7 还可以看出，翻译引进版科普图书最多的译者是王旭，共翻译图书 24 种；其次是张梦叶、张依妮和那彬，翻译的图书均为 19 种。需要注意的是，王旭翻译的科普图书原著作者集中在 Blue Ocean 公司、米亚特·墨菲和唐纳德·W. 温尼科特等，其中翻译 Blue Ocean 公司的作品 22 种，翻译米亚特·墨菲的作品 1 种，翻译唐纳德·W. 温尼科特的作品 1 种。

表 2-7　2019 年出版引进版科普图书数量排名前 50 位的译者

（单位：种）

序号	作者	科普图书数量	序号	作者	科普图书数量
1	王旭	24	10	新光传媒	12
2	张梦叶	19	11	刘志清	12
3	张依妮	19	12	苟振红	12
4	那彬	19	13	张焕新	11
5	小橙叮当	16	14	张圣奇	11
6	高源	15	15	沈丹丹	11
7	朱雯霏	14	16	王粉玲	11
8	彭懿	13	17	千太阳	11
9	陈筱卿	13	18	张涛	10

续表

序号	作者	科普图书数量	序号	作者	科普图书数量
19	王雪	10	35	小袋鼠工作室	8
20	汪婷	10	36	王小亮	8
21	丁丁虫	10	37	王珏	8
22	杜欣欣	10	38	谢逢蓓	8
23	孙海英	9	39	王晓丹	8
24	曼青	9	40	孙淇	8
25	灿烂童书	9	41	梅静	8
26	曹雪春	9	42	梁爽	8
27	张艳辉	8	43	陈婧	8
28	中央编译服务有限公司	8	44	仇春卉	8
29	杨菁菁	8	45	王娅	7
30	阳曦	8	46	曲江培豪	7
31	应潮	8	47	漆仰平	7
32	许晓晴	8	48	蒋萌	7
33	袁唯	8	49	冰村	7
34	翁建武	8	50	周晞雯	6

（二）译者与引进版科普图书来源

前文已述，2019 年出版的引进版科普图书主要来自 35 个国家和地区，其中译自美国、英国、日本、法国、德国等国的作品最多（本书主要研究译者作品与这 5 个国家之间的关系），共有 2366 种（译自美国的科普图书 756 种、英国 743 种、日本 392 种、法国 312 种、德国 163 种），占 2019 年引进版科普图书总数的 77.17%。2019 年出版引进版科普图书数量排名前 50 位的译者所翻译的著作也多来自这些国家。

以 2019 年出版引进版科普图书数量排名前 15 位的译者为例，从图 2-19 可以看出，王旭、高源、朱雯霏和彭懿翻译的科普图书原著主要来源于 2 个或 2 个以上国家和地区，其余 11 位译者均集中对某一个国家和地区的作品进行翻译。这些译者中，翻译美国和英国作品的译者最多，均有 5 位。另外，那彬、刘志清主要对加拿大的作品进行翻译；小橙叮当、张圣奇主要对印度的作品进行翻译；苟振红、沈丹丹主要对韩国的作品进行翻译。

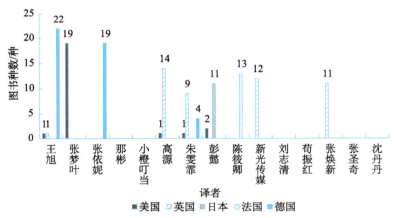

图 2-19　2019 年出版引进版科普图书数量排名前 15 位的译者与引进版科普图书出版数量排名前 5 位的来源国别交叉图

（三）译者与出版社

以 2019 年出版引进版科普图书数量排名前 15 位的译者为例，这些译者共涉及 29 家出版社，占出版引进版科普图书出版社总数的 11.11%。从图 2-20 可以看出，译者王旭、高源、朱雯霏、彭懿和陈筱卿翻译的作品在多家出版社均有出版，其余 10 位译者的作品都集中在某一家出版社出版。

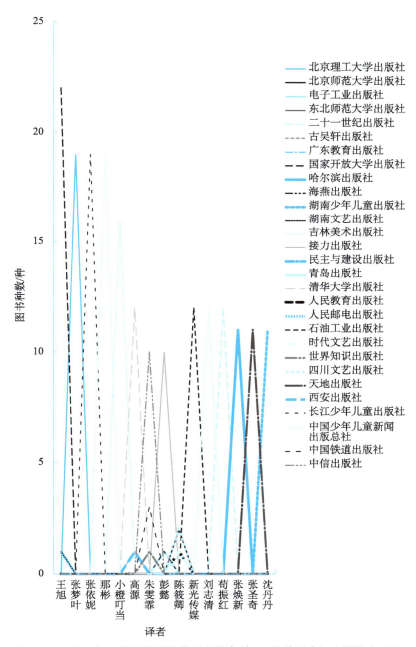

图 2-20 2019 年出版引进版科普图书排名前 15 位的译者与出版社交叉图

（四）译者与主题词

仍以 2019 年出版引进版科普图书数量排名前 15 位的译者为例，其翻译的科普作品共涉及 115 个主题词，其中出现频次较高的主题词是"智力游戏""科学知识""图画故事"等。将出版引进版科普图书排名前 15 位的译者与出现频次排名前 10 位的主题词交叉可以发现（图 2-21），有 5 位译者仅涉及一个主题词，有 5 位译者涉及 2～3 个主题词，还有 5 位译者不涉及排名前 10 位的主题词。

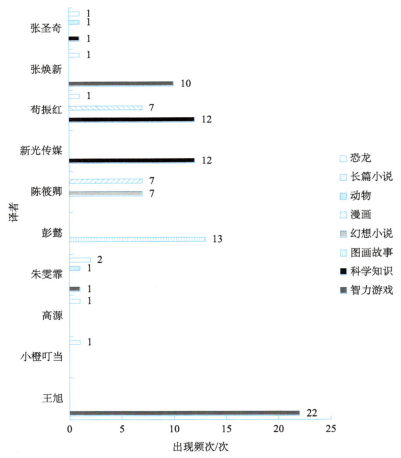

图 2-21　2019 年出版引进版科普图书排名前 10 位的译者
与排名前 10 位的主题词交叉图

第四节 2019 年与 2018 年出版的科普图书的对比分析

一、总体情况

相较于 2018 年，2019 年出版的科普图书种数略有减少，科普图书印数、单品种科普图书平均印数以及每万人拥有科普图书的数量等均有一定程度的下降[①]。

二、内容与形式

（一）图书类型

在图书类型方面，与 2018 年相比，2019 年出版的核心科普图书占全部科普图书的比例没有变化，一般科普图书的占比略有下降，泛科普图书的占比略有上升，总体上图书类型的结构稳定。

（二）学科分布

在学科分布方面，2019 年出版的科普图书仍集中于 R（医药、卫生）类、I（文学）类、S（农业科学）类、Q（生物科学）类和 T（工业技术）类，与 2018 年相比，还显著增加了 G（文化、科学、教育、体育）类的集中分布。此外，R（医药、卫生）类科普图书的数量和占比较 2018 年明显减少，T（工业技术）类科普图书的数量和占比则明显增加。核心科普图书分布集中的学科中，G（文化、科学、教育、体育）类和 Q（生物科学）类增幅较大，I（文学）类和 U（交通运输）类的出版数

---

① 这里的科普图书印数、单品种科普图书平均印数以及每万人拥有科普图书的数量情况参考自：中华人民共和国科学技术部 . 中国科普统计（2020 年版）[M]. 北京：科学技术文献出版社，2021：81.

量有所缩减。

（三）引进版科普图书

2019 年出版的引进版科普图书的种数、占当年出版科普图书的比重均有所上升；引进版科普图书来源国家和地区的数量与 2018 年基本一致。与 2018 年相比，从美国引进出版的科普图书数量显著减少；原著为日本、苏联、意大利、西班牙、比利时等的科普图书数量增长较快，其中从日本引进的科普图书数量增长 147 种，基本与当年引进版科普图书数量的增值部分（158 种）相当。2019 年，I（文学）类、Q（生物科学）类引进版科普图书的数量相对稳定，仍居于前两位；G（文化、科学、教育、体育）类、T（工业技术）类引进版科普图书的数量较 2018 年明显增长，U（交通运输）类、X（环境科学、安全科学）类引进版科普图书的数量均明显减少。

（四）丛书

2019 年出版的科普图书丛书数量较 2018 年减少一成以上，丛书仍主要集中在 S（农业科学）类、R（医药、卫生）类、T（工业技术）类、I（文学）类和 Q（生物科学）类。与 2018 年相比，R（医药、卫生）类科普图书的丛书数量近乎减半，S（农业科学）类超过 R（医药、卫生）类成为科普图书丛书出版数量分布最多的学科，G（文化、科学、教育、体育）类科普图书丛书增长显著，I（文学）类、K（历史、地理）类科普图书丛书数量锐减。

（五）定价

2019 年出版的科普图书定价分布态势与 2018 年相比无显著变化，仍以 21～50 元为主流，定价总体上保持上涨势头，体现在定价为 21～40 元的科普图书所占比例较 2018 年明显下降，定价为 41～100 元的科普图书所占比例较 2018 年明显增长。从科普图书学科与定价的交叉情况来看，各学科较为集中的定价区间仍是 31 ～ 40 元，其次为 21 ～ 30 元和 41 ～ 50 元，与 2018 年情况一致。由于 G（文化、科学、教育、体育）类科普图书 2019年的出版数量显著增加，其在 11 ～ 20 元定价区间的分布也显著增加，所占比例超过了 2018 年的 I（文学）类。此外，2019 年定价在 41 ～ 50 元最多的是 T（工业技术）类科普图书，2018 年该定价区间最多的是 R（医药、卫生）类科普图书。

（六）页数

2019 年出版的科普图书页数与 2018 年情况基本相同，仍以 101 ～ 200 页的最多，同时出现 100 页以内的图书比例增多、400 页以上的"大部头"比例降低的现象。

三、出版地与出版社

（一）出版地

与 2018 年相比，2019 年全国出版科普图书的城市、出版科普图书在 100 种以上的城市数量基本保持不变；北京、上海、南京仍是出版科普图书种数最多的三个城市，长春取代哈尔滨进入前五，其中北京出版的科普图书种数仍占当年全国科普图书出版种数的近一半；出版科普图书种数排在前 5 位的城市仍以出版核心科普图书为主，占当年全国出版核心科普图书总数的比例呈现不显著增长趋势。

从学科分布来看，2019 年科普图书出版种数排在前 5 位的城市主要出版 T（工业技术）类、R（医药、卫生）类、G（文化、科学、教育、体育）类和 S（农业科学）类科普图书，与 2018 年主要出版 R（医药、卫生）类、Q（生物科学）类和 I（文学）类科普图书有一定变化。其中，北京、南京出版T（工业技术）类和 R（医药、卫生）类科普图书的比重较2018 年分别加大；成都出版的科普图书仍集中在 I（文学）类，以科幻作品为主，与 2018 年情况基本一致。

与 2018 年相比，2019 年北京出版引进版科普图书的种数明显增加，其中，从美国引进的科普图书种数基本无变化，从日本、英国、德国引进的科普图书种数增加显著。

（二）出版社

2019 年，出版科普图书的出版社数量较 2018 年增加 15 家，占全国出版社总数的比例也相应上升；出版科普图书种数排名前 10 位的出版单位中，只有 4 家与 2018 年重合，其中化学工业出版社继续稳居第一；排名前 5 位的均为在京出版社，其中中信出版社一举跻身出版数量排名前 10 位并高居第 4 位；出版数量排名前 10 位的出版社出版科普图书总数占当年全国科普图书出版总数的比例较 2018 年有小幅上升。

科普图书出版单位中，社名中含有"科学技术"的出版社数量较 2018 年增加 1 家，但其科普图书出版总数占全国科普图书出版总数的比重不升反降。此类出版社中，出版科普图书数量在 100 种以上的仅有 3 家，显著少于 2018 年的 10 家；北京科学技术出版社、上海科学技术出版社 2019 年跻身科普图书出版种数排名前十，中国科学技术出版社、江西科学技术出版社跌出前十，天津科学技术出版社出版的科普图书数量不及 2018 年的半数，由第一名跌至第四名。

2019 年，科普图书出版种数排名前 10 位的出版社侧重于出版核心科普图书，与 2018 年情况一致；出版主攻方向是 T（工业技术）类，次之是 S（农业科学）类，这与 2018 年 S（农业科学）类和 R（医药、卫生）类情况有所区别；其中 S（农业科学）类科普图书的出版呈现双峰并立的局面，与 2018 年的两极分化趋势不同，回归了 2017 年的发展态势。与 2018 年相比，2019 年出版引进版科普图书的出版社减少 8 家，但出版引进版科普图书的数量却在增加；出版引进版科普图书排名前 5 位的出版社没有变化，内部顺序略有调整；出版 50 种以上引进版科普图书的出版社增加 3 家。

各出版社在出版引进版科普图书的国别方面，2019 与 2018 年并无太大差异，都集中在美国、英国、日本、法国、德国 5 个国家，但不同出版社出版的科普图书在国别上存在差异，如 2019 年接力出版社译自法国的科普图书最多，2018 年其译自英国的科普书最多。

四、作者、译者和主题词

（一）作者、主题词

2019 年，出版科普图书数量排名前 50 位的作者出版的科普图书种数占全年出版科普图书的比重较 2018 年有小幅下降；从头部作者的分布情况看，儒勒·凡尔纳的科普作品 2017 ～ 2019 年连续三年位居榜单第 1 位；从作者作品在不同出版社的分布情况来看，分散出版和集中出版两种情况依然存在，与 2018 年情况类似。从科普图书的主题词来看，2019 年出现频次最高的主题词是"智力游戏"，2018 年出现频次最高的主题词是"图画故事"。"科学知识""幻想小说"主题词的出现频次与 2018 年情况一致，分别排名第 2 位和第 4 位。

（二）译者、主题词

与 2018 年相比，2019 年出版的引进版科普图书总数较 2018 年多 158 种，但科普图书译者数量有所减少。从译者个体排名来看，2019 年翻译科普图书最多的译者是王旭，其翻译的图书绝大部分来自德国，2018 年翻译科普图书最多的译者是陈筱卿。值得注意的是，连续多年位居译者榜单之首的陈筱卿在 2019 年的排名落至第 9 位。从翻译作品的国别来看，2019 年出版引进版科普图书数量排名前 50 位的译者所翻译的科普作品仍主要来自美国、英国、法国、日本、德国。从科普图书的主题词看，2019 年出版引进版科普图书排名前 15 位的译者涉及的主题词中出现频次较高的是"智力游戏""科学知识""图画故事"等，与 2018 年的"幻想小说""长篇小说""漫画"有较大变化。

第三章
2020 年科普图书
出版概况

2020 年，科普图书出版的各项指标较 2019 年整体上有所回落。据《中国科普统计（2021 年版）》数据，2020 年全国共出版科普图书 10 756 种，比 2019 年减少 1712 种，占当年全国图书出版种数的 5.03%；全国共出版科普图书 9853.60 万册，比 2019 年减少 3673.61 册，占 2020 年全国出版图书总印数的 0.95%。2020 年，单品种科普图书平均出版量为 9161 册，比 2019 年减少 1698 册，平均每万人拥有科普图书 698 册[①]。

本书运用统筹筛选法，从全国图书馆联合编目中心数据库中提取初始科普图书（2020 年出版）数据，经过数据清洗和人工甄选后，最终确定 12 146 条（附表 2-1，详细书目信息可扫描附表 2-1 附带的二维码获得）。这一结果与科学技术部《中国科普统计（2021 年版）》公布的全国 2020 年出版科普图书的数据（10 756 种）有一定出入。

第一节 2020 年科普图书出版统计情况分析

一、2020 年出版的科普图书类型

2020 年出版的科普图书中，核心科普图书有 5889 种，占所提取科普图书总数的 48.49%；一般科普图书有 2778 种，占所提取科普图书总数的 22.87%；泛科普图书有 3479 种，占所提取科普图书总数的 28.64%（图 3-1）。

① 中华人民共和国科学技术部. 中国科普统计（2021 年版）[M]. 北京：科学技术文献出版社，2022：81-82.

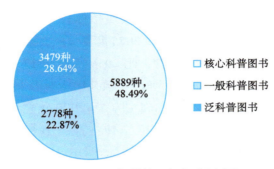

图 3-1 2020 年科普图书类型比例图

二、2020 年出版的科普图书学科分布

从学科分布来看（图 3-2），出版数量在千种以上的图书分布在四个学科领域，分别是 R（医药、卫生）类、T（工业技术）类、S（农业科学）类和 Q（生物科学）类。与 2019 年各学科科普图书出版种数均未突破 2000 种相比，2020 年 R（医药、卫生）类、T（工业技术）类科普图书出版种数突破 2000 种。其中 R（医药、卫生）类科普图书数量为 2511 种，占据优势地位。T（工业技术）类和 Q（生物科学）类科普图书均较 2019 年排名有所降低，分别从第 1 位落至第 2 位，从第 3 位落至第 4 位；I（文学）类科普图书出版种数落幅最大，由 2019 年的 1254 种落至 2020 年的 330 种，排名也从第 4 位落至第 12 位；S（农业科学）类科普图书出版种数有显著增长，上升至第 3 位。总体上来看，R（医药、卫生）类、T（工业技术）类、S（农业科学）类和 Q（生物科学）类等学科领域仍然是目前科学普及的主要内容。

从科普图书类型与学科分布的交叉情况来看（表 3-1），核心科普图书主要分布在 Q（生物科学）类、R（医药、卫生）类、T（工业技术）类和 P（天文学、地球科学）类等学科领域，总数 3127 种，约占 2020 年出版核心科普图书总数的 53.10%。一般科普图书集中分布在 T（工业技术）类、S（农业科学）类、R（医药、卫生）类等，总数 2291 种，约占 2020 年出版一般科普图书总数的 82.47%。泛科普图书主要分布在 R（医药、卫生）类、T（工业技术）类及 K（历史、地理）类，总数为 2043 种，约占 2020 年泛科普图书出版总数的 58.72%。

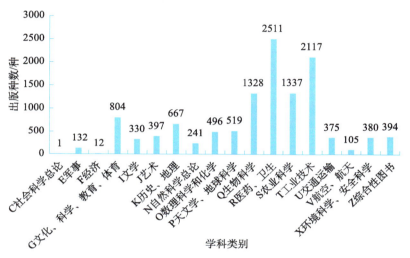

图 3-2　2020 年出版科普图书的学科分布情况

表 3-1　2020 年出版的科普图书类型与学科分布交叉表

（单位：种）

科普图书学科分类	科普图书类型			总计
	核心科普	一般科普	泛科普	
C 社会科学总论	1	0	0	1
E 军事	99	6	27	132
F 经济	5	2	5	12
G 文化、科学、教育、体育	483	75	246	804
I 文学	24	0	306	330
J 艺术	111	47	239	397
K 历史、地理	294	3	370	667

续表

科普图书学科分类	科普图书类型			总计
	核心科普	一般科普	泛科普	
N 自然科学总论	219	0	22	241
O 数理科学和化学	484	6	6	496
P 天文学、地球科学	504	2	13	519
Q 生物科学	1 079	13	236	1 328
R 医药、卫生	1 027	499	985	2 511
S 农业科学	260	880	197	1 337
T 工业技术	517	912	688	2 117
U 交通运输	103	242	30	375
V 航空、航天	71	16	18	105
X 环境科学、安全科学	254	73	53	380
Z 综合性图书	354	2	38	394
总计	5 889	2 778	3 479	12 146

三、2020 年出版的引进版科普图书

在提取的科普图书数据中，2020 年出版引进版科普图书 2673 种，约占当年科普图书出版总数的 22.01%，与 2019 年相比，出版种数、占比均有所下降。引进版科普图书的来源地主要包括美国、英国、日本、法国、韩国、德国、意大利等 40 个国家或地区，多于 2019 年的 35 个国家或地区。其中译自美国、英国、日本、法国、韩国等几个国家的科普图书种数最多，合计 2141 种（分别为：美国 670 种、英国 649 种、日本 400 种、法国 263 种、韩国 159 种）（图 3-3），占 2020 年出版引进版科普图书总数的 80.10%。与 2019 年相比，2020 年除了从日本和韩国引进的科普图书数量有少量增加外，从其他国家引进的科普图书数量均呈减少状态。

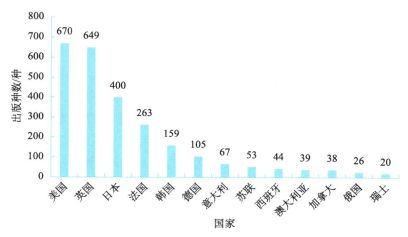

图 3-3　2020 年出版引进版科普图书的主要来源国分布情况

从引进版科普图书的学科分布情况（图 3-4）来看，Q（生物科学）类、T（工业技术）类、R（医药、卫生）类、O（数理科学和化学）类和 P（天文学、地球科学）类等几个学科的科普图书数量较多。值得注意的是，与 2019 年相比，引进版的 I（文学）类科普图书数量大幅降低，T（工业技术）类科普图书数量大幅增加，由此可推测国外工业技术类科普作品在中国市场表现良好。

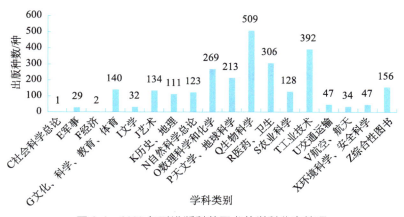

图 3-4　2020 年引进版科普图书的学科分布情况

四、2020 年出版的科普图书丛书

2020 年出版的科普图书中,丛书有 2413 种,占当年出版科普图书种数的 19.87%。从学科分布(图 3-5)来看,丛书主要集中于 R(医药、卫生)类,达 494 种,占科普图书丛书总数的 20.47%;其次是 T(工业技术)类、S(农业科学)类和 Q(生物科学)类科普图书丛书。与 2019 年相比,R(医药、卫生)类、T(工业技术)类科普图书丛书的出版数量显著增加。

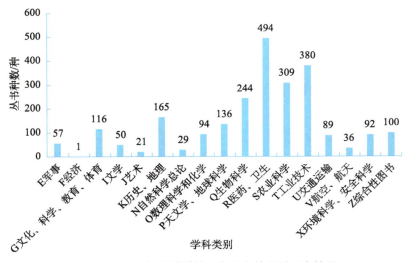

图 3-5　2020 年出版科普图书丛书的学科分布情况

五、2020 年出版的科普图书定价

根据图书定价统计情况,本项统计科普图书总数为 12 139 种。从定价情况来看,定价在 41～50 元的科普图书数量最多,有 1720 种,占 2020 年出版科普图书总数的 14.17%。定价在 31～40 元及 21～30 元的科普图书,数量分别为 1653 种和 1539 种,分别占 2020 年出版科普图书总数的 13.62% 和 12.68%(图 3-6)。

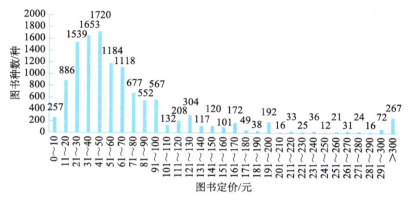

图 3-6 2020 年科普图书的定价分布情况

从 2020 年出版的科普图书学科与定价的交叉情况来看（表 3-2，本项统计科普图书总数为 12 139 种），在 0 ～ 50 元的定价区间，R（医药、卫生）类科普出版图书均最多，分别为 145 种（0 ～ 10 元）、199 种（11 ～ 20 元）、277 种（21 ～ 30 元）、488 种（31 ～ 40 元）和 457 种（41 ～ 50 元），分别占各定价区间科普图书出版总数的 56.42%、22.46%、18.00%、29.52% 和 26.57%。在 51 ～ 100 元的定价区间，T（工业技术）类科普图书均最多，分别为 275 种（51 ～ 60 元）、307 种（61 ～ 70）、198 种（71 ～ 80 元）、175 种（81 ～ 90 元）和 181 种（91 ～ 100 元），占各定价区间科普图书出版总数的 23.23%、27.46%、29.25%、31.70% 和 31.92%。各学科较为集中的定价区间是 41 ～ 50 元，共有 1720 种，占该年科普图书出版总数的 14.17%；其次是 31 ～ 40 元及 21 ～ 30 元的科普图书，数量分别为 1653 种和 1539 种，分别占该年科普图书出版总数的 13.62% 和 12.68%。

六、2020 年出版的科普图书页数

统计显示（图 3-7，由于部分书目页数不详，本项统计科普图书总数为 11 725 种），2020 年出版的科普图书页数在 101 ～ 200 页的数量最多，有 3652 种，占该年科普图书总数的 31.15%；

表 3-2 2020 年出版的科普图书学科及定价情况交叉表

科普图书学科分类	定价区间/元												总计
	0～10	11～20	21～30	31～40	41～50	51～60	61～70	71～80	81～90	91～100	101～200	>200	
C 社会科学总论	0	0	0	0	1	0	0	0	0	0	0	0	1
E 军事	10	2	18	4	23	11	17	15	9	5	14	4	132
F 经济	0	2	0	0	2	2	1	1	0	2	2	0	12
G 文化、科学、教育、体育	23	144	108	120	135	58	41	18	20	23	77	35	802
I 文学	0	2	18	44	76	45	56	30	12	16	25	6	330
J 艺术	3	59	59	32	37	24	25	33	18	27	59	21	397
K 历史、地理	2	51	106	80	52	42	47	32	43	50	115	47	667
N 自然科学总论	0	10	30	19	36	22	32	19	14	8	40	11	241
O 数理科学和化学	15	46	81	56	104	51	29	12	13	19	45	25	496
P 天文学、地球科学	11	32	88	73	81	43	39	28	19	24	69	12	519

续表

科普图书学科分类	定价区间/元														总计
	0～10	11～20	21～30	31～40	41～50	51～60	61～70	71～80	81～90	91～100	101～200	>200			总计
Q 生物科学	8	82	204	163	151	96	87	56	66	54	226	135			1 328
R 医药、卫生	145	199	277	488	457	269	212	106	76	63	154	61			2 507
S 农业科学	6	102	254	197	162	125	114	68	44	50	134	81			1 337
T 工业技术	12	39	101	163	286	275	307	198	175	181	309	70			2116
U 交通运输	0	13	19	48	41	51	44	31	19	22	68	19			375
V 航空、航天	1	15	6	21	12	8	4	7	5	4	15	7			105
X 环境科学、安全科学	9	53	67	73	29	33	28	14	12	12	38	12			380
Z 综合性图书	12	35	103	72	35	29	35	9	7	7	43	7			394
总计	257	886	1 539	1 653	1 720	1 184	1 118	677	552	567	1 433	553			12 139

其次为 201 ～ 300 页和 1 ～ 100 页的科普图书，数量分别为 2622 种和 2494 种，分别占该年出版的科普图书总数的 22.36% 和 21.27%。这一情况与 2019 年出版的科普图书页数情况略有不同，即 1 ～ 100 页和 201 ～ 300 页的科普图书种数排名发生变化，分别由第 2 位和第 3 位变为第 3 位和第 2 位。

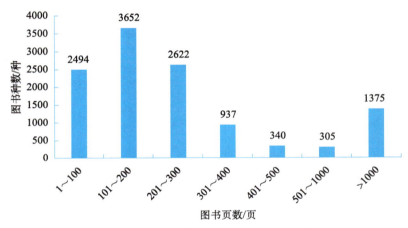

图 3-7　2020 年出版科普图书的页数分布情况

第二节　2020 年出版的科普图书的出版地与出版社分析

一、出版地

（一）概况

统计结果显示（图 3-8，因版面限制，本图只显示出版科普图书数量在 100 种以上的城市），2020 年全国共有 58 个城市出版科普图书，其中北京、上海、南京、长春、成都出版的科普图书数量位列前 5 位，合计出版科普图书 8135 种，占全国出版科普图书总数的 66.98%。北京出版的科普图书数量最多，达 6342 种，占全国出版科普图书总数的 52.21%，以绝对优势高居榜首；上海、南京、长春、成都出版的科普图书分别以 577 种、481 种、370 种、365 种位列第 2 至第 5 位。在出版地方面，科学技术部是以省级行政区划为单位进行统计的，出版科普图书种数位列前 5 名的分别是北京、上海、福建、江西和湖南，本书则是以市为单位进行统计的；在出版数量方面，科学技术部的统计结果显示，北京、上海在 2020 年出版的科普图书数量分别为 2474 种和 971 种[1]，与本书的统计结果有较大出入。

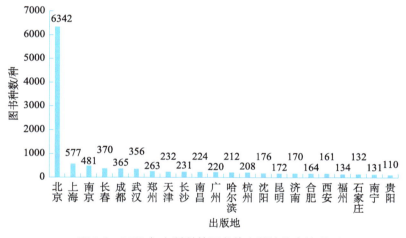

图 3-8 2020 年出版科普图书的出版地分布情况

2020 年，北京、上海、南京、长春、成都 5 个城市共有 286 家出版单位出版了科普图书，其出版单位数量依次为 205 家、38 家、15 家、12 家、16 家。这 5 个城市的科普图书出版单位平均出版科普图书的数量依次为 31 种、15 种、32 种、31 种、23 种。其中，出版科普图书数量排名前 5 位的出版单位分别为化学工业出版社（459 种）、上海科学技术出版社（84 种）、江苏

---

① 中华人民共和国科学技术部 . 中国科普统计（2021 年版）[M]. 北京：科学技术文献出版社，2022：83.

凤凰科学技术出版社（210种）、吉林科学技术出版社（114种）、天地出版社（62种）。从以上统计数据可以看出，北京虽然在科普图书出版数量、出版单位数量等方面占有绝对优势，但出版单位在平均出版科普图书数量方面的表现并不突出，与往年情况类似。

（二）出版地与学科分布

从表3-3可以看出，北京出版的科普图书多集中在T（工业技术）类，上海、南京出版的科普图书多集中在R（医药、卫生）类，长春、成都出版的科普图书则多集中在Q（生物科学）类。总体来看，这5个城市出版的科普图书主要集中在T（工业技术）类、R（医药、卫生）类、S（农业科学）类和Q（生物科学）类。

表3-3　2020年出版地排名前5位出版的科普图书学科分布

（单位：种）

科普图书学科分类	北京	上海	南京	长春	成都	总计
E 军事	90	4	0	3	13	110
F 经济	5	1	0	0	1	7
G 文化、科学、教育、体育	278	38	49	47	24	436
I 文学	135	19	12	7	14	187
J 艺术	161	15	37	6	45	264
K 历史、地理	317	26	14	33	15	405
N 自然科学总论	113	25	10	5	9	162
O 数理科学和化学	245	46	15	10	9	325
P 天文学、地球科学	268	19	19	20	14	340
Q 生物科学	542	58	55	76	64	795
R 医药、卫生	1224	191	106	54	59	1634
S 农业科学	768	14	36	23	29	870

续表

科普图书学科分类	北京	上海	南京	长春	成都	总计
T 工业技术	1474	70	79	39	35	1697
U 交通运输	258	18	15	7	6	304
V 航空、航天	66	5	1	0	4	76
X 环境科学、安全科学	193	10	14	27	9	253
Z 综合性图书	205	18	19	13	15	270
总计	6342	577	481	370	365	8135

（三）出版地与科普图书类型

就科普图书类型而言，北京、上海、南京、长春、成都出版的核心科普图书较多（图 3-9），共有 3720 种，占这 5 个城市出版科普图书总数的 45.73%，占 2020 年全国出版核心科普图书总数的 63.17%。这 5 个城市出版的一般科普图书和泛科普图书分别为 2187 种、2228 种，分别占这 5 个城市出版科普图书总数的 26.88% 和 27.39%，分别占 2020 年全国出版一般科普图书和泛科普图书总数的 78.73% 与 64.04%。

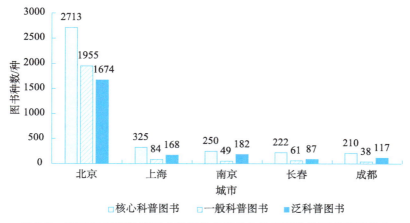

图 3-9　2020 年出版科普图书数量排名前 5 位的出版地的图书类型分布

（四）出版地与引进科普图书

从引进版科普图书的情况（图 3-10，因版面限制，本图未显示引进版科普图书出版数量较少的地区）来看，北京出版的引进版科普图书最多，有 1309 种，约占 2020 年引进版科普图书出版总数的 48.97%，上海、成都、武汉、南京等地出版的引进版科普图书也较多，这 5 个城市出版引进版科普图书的数量合计为 1830 种，约占当年引进版科普图书出版总数的 68.46%。

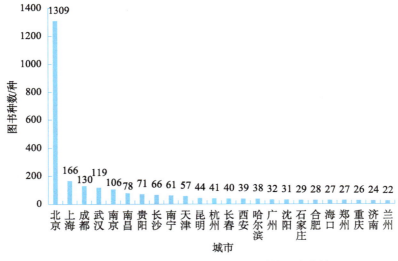

图 3-10　2020 年各出版地出版引进版科普图书的情况

从引进版科普图书的来源国别（表 3-4，因版面限制，本表未显示出版引进版科普图书较少的地区及来源国别）来看，各地出版引进版科普图书的来源国别有所不同，如北京、上海、贵阳译自美国的科普图书较多，分别有 360 种、84 种、46 种；北京、成都译自英国的科普图书较多，分别有 319 种、36 种；北京、南京、上海译自日本的科普图书较多，分别有 214 种、21 种、20 种；北京、武汉译自法国的科普图书较多，分别为 116 种、19 种；北京、南昌译自韩国的科普图书较多，分别为 48 种、37 种。值得一提的是，北京由于出版引进版科普图书最多，因此译自各国的科普图书数量都很多，特别是译自美国、英国、日本、法国等国的科普图书均在 100 种以上。

表 3-4　2020 年各出版地出版的引进版科普书来源国别情况

（单位：种）

出版地	译著来源国别						总计
	美国	英国	日本	法国	韩国	其他	
北京	360	319	214	116	48	252	1309
上海	84	29	20	17	2	14	166
成都	22	36	1	7	22	42	130
武汉	16	16	16	19	1	51	119
南京	14	29	21	15	1	26	106
南昌	3	8	8	13	37	9	78
贵阳	46	18	2	2	2	1	71
长沙	19	12	8	9	1	17	66
南宁	0	30	13	11	0	7	61
天津	13	11	9	8	1	15	57
昆明	7	12	6	1	4	14	44
杭州	9	7	5	4	3	13	41
长春	2	0	0	6	24	8	40
西安	10	20	4	1	0	4	39
哈尔滨	4	23	0	0	0	11	38
广州	7	13	8	1	0	3	32
沈阳	2	10	11	0	4	4	31
石家庄	3	5	11	9	1	0	29
合肥	11	5	5	6	0	1	28
海口	4	9	10	0	0	4	27
郑州	8	3	6	1	4	5	27
重庆	7	15	0	2	0	2	26
济南	5	3	9	2	1	4	24
兰州	1	8	3	5	0	5	22
总计	657	641	390	255	156	512	2611

二、出版社

（一）概况

本书统计结果显示，2020 年全国出版科普图书的出版社共有 535 家，占全国出版社总数的 91.3%（截至 2020 年底，全国共有出版社 586 家[①]）。其中化学工业出版社出版科普图书最多，有 459 种，排名前 10 位的出版社还有机械工业出版社、人民邮电出版社、中国农业出版社、清华大学出版社、电子工业出版社、江苏凤凰科学技术出版社、中信出版社、科学出版社、人民卫生出版社，这十家出版社合计出版科普图书 2674 种，占同年全国出版科普图书总数的 22.02%（图 3-11）。

图 3-11 2020 年出版科普图书数量排名前 10 位的出版社

统计发现，社名中含有"科学技术"的出版社是出版科普

[①] 国家新闻出版署 . 2020 年全国新闻出版业基本情况 [EB/OL].https://www.nppa.gov.cn/xxgk/fdzdgknr/tjxx/202305/P020230530664876190406.pdf [2023-10-10].

图书的重要力量。本书共统计出该类出版社 30 家，从出版的科普图书数量来看，该类出版社共出版科普图书 2102 种，占 2020 年全国出版科普图书总数的 17.31%。其中江苏凤凰科学技术出版社出版科普图书最多，有 210 种，其次为中国农业科学技术出版社、天津科学技术出版社、湖南科学技术出版社、吉林科学技术出版社、北京科学技术出版社、安徽科学技术出版社、中国科学技术出版社、河南科学技术出版社、上海科学技术出版社、福建科学技术出版社、辽宁科学技术出版社、上海科学技术文献出版社、黑龙江科学技术出版社、科学技术文献出版社、四川科学技术出版社、甘肃科学技术出版社等，以上出版社在 2020 年出版的科普图书数量均在 50 种以上（图 3-12 ）。

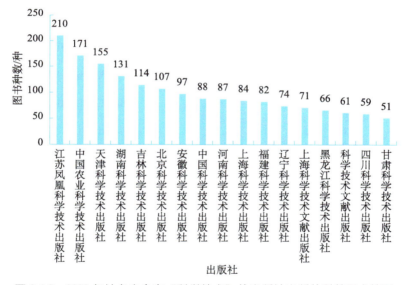

图 3-12　2020 年社名中含有"科学技术"的出版社出版的科普图书情况

注：本图只显示此类出版社中出版科普图书在 50 种以上的出版社。

（二）出版社与出版科普图书学科

从 2020 年出版科普图书数量排名前 10 位的出版社的出版情况（图 3-13 ）来看，出版的科普图书多集中在 T（工业技术）类、

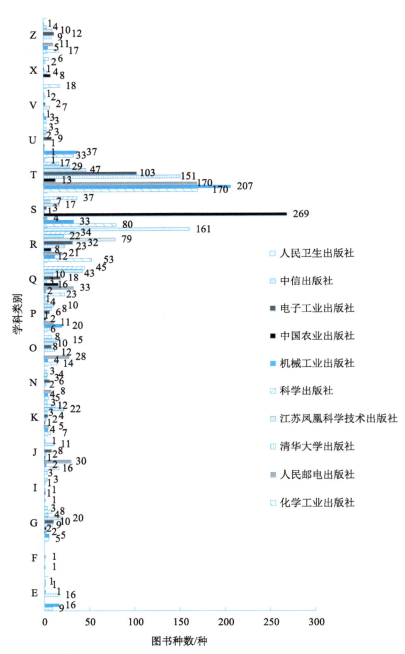

图3-13 2020 年出版科普图书排名前 10 位的出版社出版的科普图书学科分布情况

S（农业科学）类和 R（医药、卫生）类。出版 T（工业技术）类科普图书最多的是机械工业出版社，共出版 207 种；其次是化学工业出版社和人民邮电出版社，出版数量均为 170 种。出版 S（农业科学）类科普图书最多的是中国农业出版社，共出版 269 种；其次是化学工业出版社，出版数量为 80 种。出版 R（医药、卫生）类科普图书最多的是人民卫生出版社，共出版 161 种；其次是江苏凤凰科学技术出版社，出版数量为 79 种。从出版数量集中程度来看，T（工业技术）类科普图书呈现两极分化的趋势，化学工业出版社、电子工业出版社、清华大学出版社、人民邮电出版社、机械工业出版社的科普图书出版数量均在 100 种以上，江苏凤凰科学技术出版社、中信出版社、科学出版社、中国农业出版社和人民卫生出版社的科普图书出版数量均不足 50 种；S（农业科学）类和 R（医药、卫生）类科普图书的出版呈现单峰的局面，中国农业出版社出版的 S（农业科学）类科普图书数量为 269 种，人民卫生出版社出版的 R（医药、卫生）类科普图书数量为 161 种，远高于其他出版社。

（三）出版社与出版科普图书类型

从科普图书类型（图 3-14）来看，排名前 10 位的出版社出版一般科普图书数量最多，有 1146 种，约占这 10 家出版社出版科普图书总量的 42.86%；其次是核心科普图书和泛科普图书，分别为 978 种和 550 种。从各出版社的出版情况来看，人民邮电出版社出版的核心科普图书最多，有 149 种；中国农业出版社出版的一般科普图书最多，有 238 种；江苏凤凰科学技术出版社出版的泛科普图书最多，有 94 种。

（四）出版社与引进科普图书

本书统计结果显示，2020 年出版引进版科普图书的出版社共有 272 家，共出版引进版科普图书 2673 种。其中，中信出版社

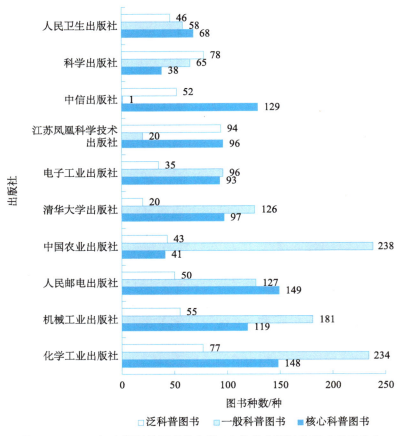

图 3-14 2020 年出版科普图书排名前 10 位的出版社的图书类型分布

出版引进版科普图书最多，共 131 种；其次为人民邮电出版社、机械工业出版社和北京科学技术出版社，分别出版 120 种、114 种和 69 种（图 3-15）。出版科普图书数量最多的化学工业出版社出版引进版科普图书却不多，仅有 35 种，排在第 18 位；人民邮电出版社不仅出版科普图书的整体数量较多，出版引进版科普图书的数量也较多。前文已述，引进版科普图书的来源国别主要集中在美国、英国、日本、法国、韩国等，具体到各出版社，则分别有所侧重。从图 3-16 可以看出，贵州人民出版社译自美国的科普图书最多，有 46 种；中信出版社译自英国的科普图书最多，有 47 种；北京科学技术出版社译自日本的科普图书最多，有 28 种；二十一世纪出版社译自韩国的科普图书最多，有 33 种。

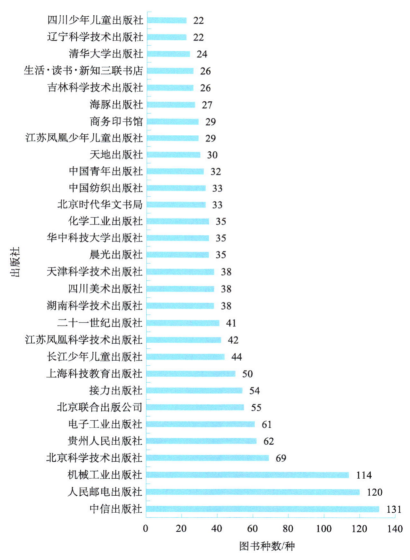

图 3-15　2020 年出版社引进版科普图书数量排名前 30 位的出版社

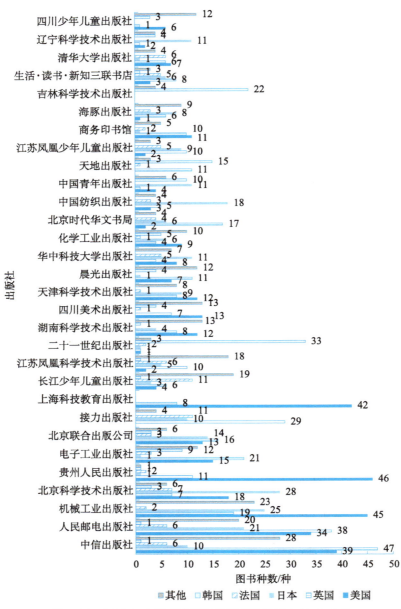

图 3-16　2020 年出版引进版科普图书数量排名前 30 位的
出版社的科普图书来源国别情况

第三节 2020 年出版的科普图书的作者与译者分析

一、作者

(一)概况

表 3-5 是 2020 年出版科普图书数量排名前 50 位的作者,这些作者共出版图书 1140 种,占该年出版科普图书总数的 9.39%。其中,出版科普图书最多的作者是童趣出版有限公司,共有 51 种;其次是法布尔和高士其,出版的科普图书数量分别为 47 种和 40 种。

表 3-5 2020 年出版科普图书数量排名前 50 位的作者

(单位:种)

序号	作者	科普图书数量	序号	作者	科普图书数量
1	童趣出版有限公司	51	9	中国人口出版社编辑部	32
2	法布尔	47	10	英国尤斯伯恩出版公司	29
3	高士其	40	11	李春深	28
4	贾兰坡	36	12	闻邦椿	28
5	范自强	33	13	呦呦童	28
6	上海新创华文化发展有限公司	33	14	马丁·加德纳	25
7	覃祖军	33	15	黄宇	24
8	米·伊林	32	16	保冬妮	24

续表

序号	作者	科普图书数量	序号	作者	科普图书数量
17	李四光	24	34	孟庆金	17
18	王俊卿	24	35	笑江南	17
19	英国 DK 公司	24	36	杨杨	17
20	全国畜牧总站	24	37	赵闯	17
21	中国地理学会	23	38	乔治·伽莫夫	17
22	明日科技	22	39	老渔	17
23	骑云星工作室	22	40	赵春杰	16
24	三个爸爸	22	41	《小学科学探究实验报告册》编写组	15
25	洋洋兔	22	42	寒木钓萌	15
26	林晓慧	21	43	书童文化	15
27	加古里子	20	44	沈颖	15
28	张子剑	20	45	韩雪涛	14
29	维·比安基	19	46	倪鑫	14
30	孙友超	18	47	夏文彬	14
31	央美阳光	18	48	云狮动漫	14
32	《深度军事》编委会	17	49	迈克斯	13
33	刘兴诗	17	50	蕾切尔·卡森	13

（二）作者与出版社

就作者作品在出版社的出版情况而言，大致可分为分布出版和集中出版两种情况。以 2020 年出版科普图书数量排名前 10 位的作者为例，从图 3-17（因版面限制，图中只展示出版种类排名前 20 位的出版社）中可以看出，法布尔、高士其、贾兰坡、

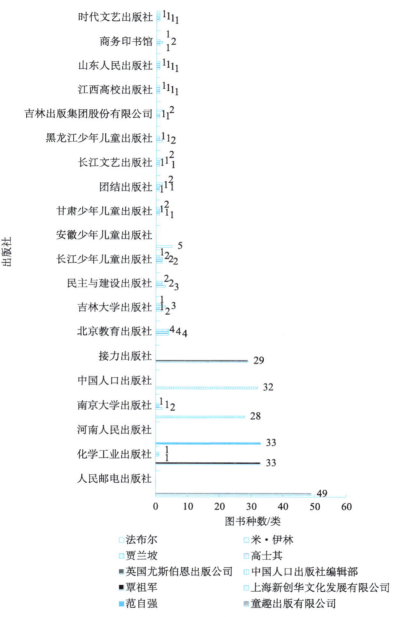

图 3-17　2020 年出版科普图书数量排名前 10 位的作者与出版社交叉图

米·伊林等的作品在许多出版社都有出版，相对较为分散；童趣出版有限公司、范自强、上海新创华文化发展有限公司、覃祖军、中国人口出版社编辑部和英国尤斯伯恩出版公司的作品出版社则比较集中，童趣出版有限公司的作品主要在人民邮电出版社（有 49 种）出版，范自强的作品主要在河南人民出版社（有 33 种）出版，上海新创华文化发展有限公司的作品集中在南京大学出版社（有 28 种）出版，覃祖军的作品集中在化学工业出版社（有 33 种）出版，中国人口出版社编辑部的作品集中在中国人口出版社（有 32 种）出版，英国尤斯伯恩出版公司的作品集中在接力出版社（有 29 种）出版。在 2020 年出版科普图书数量排名前 50 位的作者中，李四光、洋洋兔、刘兴诗、杨杨、赵闯、寒木钓萌的作品都曾入选科学技术部的"全国优秀科普作品"名录。

（三）作者与主题词

主题词是指一本图书的关键词，是对该图书内容及其所属类别的简要概括，在中国图书馆分类法中往往标注为"论题名称主题 - 款目要素"。在 2020 年出版的科普图书中，共统计出主题词 2905 个，其中"科学知识"的出现频次最高，共有 469 次；其次是"数学"和"动物"，出现频次分别为 272 次和 255 次。出现频次最高的前 50 个主题词及其出现频次如表 3-6 所示。

表 3-6 2020 年出版的科普图书主题词 TOP 50 及其出现频次

（单位：次）

序号	主题词	出现频次	序号	主题词	出现频次
1	科学知识	469	5	日冕形病毒	165
2	数学	272	6	恐龙	161
3	动物	255	7	汽车	138
4	漫画	204	8	植物	137

续表

序号	主题词	出现频次	序号	主题词	出现频次
9	婴幼儿	129	30	古建筑	62
10	新型冠状病毒肺炎*	117	31	天文学	57
11	程序设计	114	32	海洋	55
12	软件工具	108	33	健康教育	55
13	人工智能	107	34	大学生	55
14	自然科学	106	35	昆虫学	54
15	小儿疾病	106	36	野生动物	50
16	垃圾处理	103	37	地球	50
17	纪实文学	99	38	养生（中医）	49
18	宇宙	97	39	中医学	48
19	老年人	81	40	图像处理软件	48
20	鸟类	80	41	机械设计	48
21	人体	78	42	环境保护	48
22	昆虫	75	43	药用植物	47
23	地理	73	44	细菌	47
24	小学数学课	67	45	女性	46
25	儿童	67	46	保健	46
26	安全教育	66	47	人类起源	45
27	报告文学	64	48	花卉	44
28	科学技术	63	49	历史地理	43
29	二十四节气	63	50	中国医药学	40

* 2022 年 12 月 26 日，国家卫生健康委员会将新型冠状病毒肺炎更名为新型冠状病毒感染。

以 2020 年出版科普图书数量排名前 10 位的作者为例，将其与出现频次排名前 10 位的主题词交叉对比可以看出同一作者出版的科普图书在内容方面的分布情况。图 3-18 是 2020 年出版科普图书排名前 10 位的作者出版科普图书的主题词分布情况，可以看出，有些作者出版的科普图书主题词相对集中，如高士其和米·伊林的作品主题词集中在"科学知识"，上海新创华文化发展有限公司的作品主题词集中在"漫画"，中国人口出版社编辑部的作品主题词集中在"婴幼儿"；还有一些作者的作品主题词相对比较分散，如童趣出版有限公司的作品主题词除"科学知识"外，还有"动物""植物"等；法布尔的作品主题词除"科学知识"外，还有"动物""漫画"等。从图 3-18 还可以看出，2020 年出版科普图书数量排名前 10 位的作者的作品主题词出现频次最高的是"科学知识"，共 45 次，其次为"动物""恐龙"等，这与主题词 TOP 50 的出现频次排名情况稍有不同。

二、译者

（一）概况

本书统计结果显示，2020 年共出版引进版科普图书 2673 种，译者有 2318 位，平均每位译者翻译 1.15 种引进版科普图书。译者中出版 2 种及以上科普图书的有 438 位，出版 1 种科普图书的有 1880 位。表 3-7 是 2020 年出版引进版科普图书数量排名前 50 位的译者。这些译者共翻译科普图书 426 种，占该年引进版科普图书总数的 15.94%。从表 3-7 还可以看出，翻译科普图书最多的译者是千太阳，共翻译科普图书 26 种；其次是陈筱卿、新光传媒和彭懿，分别翻译科普图书 20 种、17 种和 15 种。

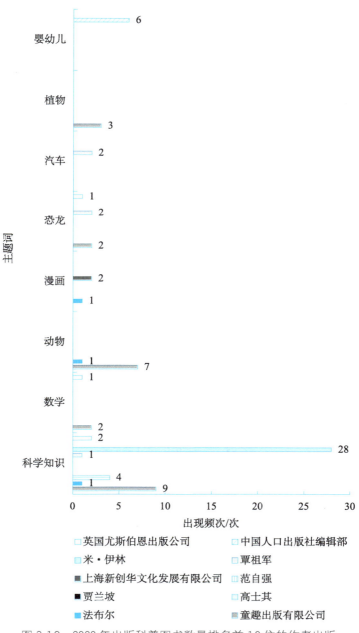

图 3-18　2020 年出版科普图书数量排名前 10 位的作者出版
科普图书的主题词分布情况

表 3-7　2020 年出版引进版科普图书数量排名前 50 位的译者

（单位：种）

序号	作者	科普图书数量	序号	作者	科普图书数量
1	千太阳	26	26	谢沐	7
2	陈筱卿	20	27	邢培健	7
3	新光传媒	17	28	张琨	7
4	彭懿	15	29	张宇靖	7
5	邓颖	13	30	陈见柯	6
6	林开亮	12	31	董翀翎	6
7	马巍	12	32	冯珣	6
8	苟振红	11	33	付灿	6
9	童趣出版有限公司	11	34	谷红岩	6
10	曹杨	10	35	浪花朵朵	6
11	龚勋	10	36	李永学	6
12	刘洋	10	37	舒丽苹	6
13	王萌	10	38	涂泓	6
14	易乐文	10	39	王晋华	6
15	胡梅丽	9	40	王旭华	6
16	曼青	9	41	韦苇	6
17	苏迪	9	42	乌兰	6
18	周龙梅	9	43	徐月珠	6
19	黄敏	8	44	张卜天	6
20	姜微	8	45	赵丽慧	6
21	马翔	8	46	中童未来	6
22	黄峻峰	7	47	钟晓辉	6
23	王敏	7	48	蔡孟梅	5
24	王雨婷	7	49	蔡幸	5
25	肖潇	7	50	曹越	5

（二）译者与引进版科普图书来源

前文已述，2020 年出版的引进版科普图书主要来自 40 个国家和地区，其中译自美国、英国、日本、法国、韩国等国的作品最多（本书主要研究译者作品与这 5 个国家之间的关系），共有 2141 种（译自美国的科普图书 670 种、英国 649 种、日本 400 种、法国 263 种、韩国 159 种），占 2020 年引进版科普图书总数的 80.10%。2020 年出版引进版科普图书数量排名前 50 位的译者所翻译的著作也多来自这些国家。

以 2020 年出版引进版科普图书数量排名前 15 位的译者为例，从图 3-19 可以看出，马巍、童趣出版有限公司和刘洋翻译的科普图书原著主要来源于 2 个或 2 个以上国家和地区，其余 12 位译者均集中对某一个国家和地区的作品进行翻译。这些译者中，翻译韩国作品的译者最多，有 6 位。另外，王萌主要对意大利的作品进行翻译。

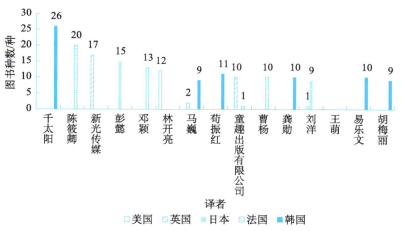

图 3-19　2020 年出版引进版科普图书数量排名前 15 位的译者与引进版科普图书出版数量排名前 5 位的来源国别交叉图

（三）译者与出版社

以 2020 年出版引进版科普图书数量排名前 15 位的译者为例，这些译者共涉及 33 家出版社，占出版引进版科普图书出版社总数的 12.13%。从图 3-20 可以看出，译者千太阳、陈筱卿、新光传媒、彭懿和刘洋翻译的作品在多家出版社均有出版，其余 10 位译者的作品都集中在某一家出版社出版。

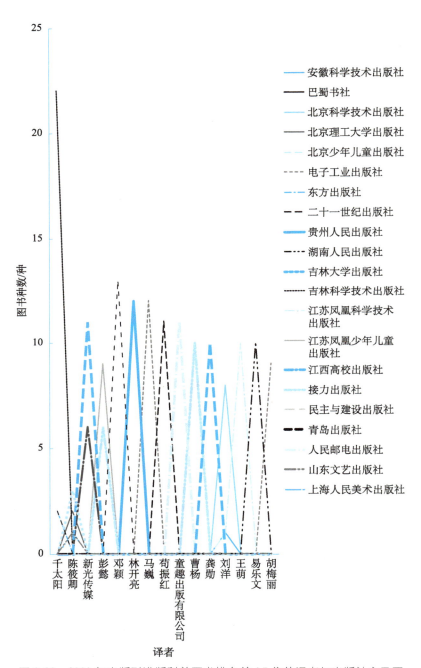

图 3-20　2020 年出版引进版科普图书排名前 15 位的译者与出版社交叉图

（四）译者与主题词

仍以 2020 年出版引进版科普图书数量排名前 15 位的译者为例，其翻译的科普作品共涉及 183 个主题词，其中出现频次较高的主题词是"漫画""科学知识""昆虫学"等。将出版引进版科普图书排名前 15 位的译者与出现频次排名前 10 位的主题词交叉可以发现（图 3-21），有 7 位译者仅涉及一个主题词，有 4 位译者涉及 2 ～ 3 个主题词，还有 4 位译者不涉及排名前 10 位的主题词。

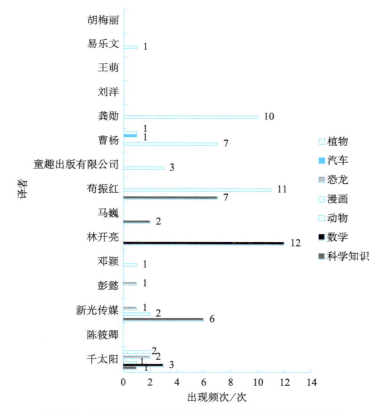

图 3-21　2020 年出版引进版科普图书排名前 15 位的译者
与排名前 10 位的主题词交叉图

注：该图是出版引进版科普图书排名前 15 位的译者与排名前 10 位的主题词交叉结果，"昆虫学"虽然在出版引进版科普图书前 15 位的译者中出现频次较高，但不属于排名前 10 位的主题词，故在图中未反映"昆虫学"的相关数据。

第四节 2020 年与 2019 年出版的科普图书的对比分析

一、总体情况

相较于 2019 年，2020 年出版的科普图书种数大幅缩减，科普图书印数、单品种科普图书平均印数以及每万人拥有科普图书的数量等均有一定程度的下降[①]。

二、内容与形式

（一）图书类型

在图书类型方面，与 2019 年相比，2020 年出版的核心科普图书占全部科普图书总数的比例有所下降，一般科普图书和泛科普图书的占比均有所上升。

（二）学科分布

在学科分布方面，2020 年出版的科普图书集中在 R（工业技术）类、T（医药、卫生）类、S（农业科学）类和 Q（生物科学）类。同时，与 2019 年相比，G（文化、科学、教育、体育）类和 I（文学）类科普图书的占比显著降低。在核心科普图书分布集中的学科中，O（数理科学和化学）类和 K（历史、地理）类科普图书的种数与占比均略有增加，G（文化、科学、教育、体育）类和 I（文学）类科普图书的种数与占比都明显下降。

---

① 这里的科普图书印数、单品种科普图书平均印数以及每万人拥有科普图书的数量情况参考自：中华人民共和国科学技术部.中国科普统计（2021 年版）[M].北京：科学技术文献出版社，2022：77.

（三）引进版科普图书

2020 年出版的引进版科普图书的种数比 2019 年有所下降，但占当年出版科普图书的比重略有上升。与 2019 年相比，引进版科普图书的来源国家和地区的数量较 2019 年有所增加。从美国、英国引进出版的科普图书数量显著减少，但占当年引进版科普图书总数的比例均有小幅增长；2020 年引进版科普图书排名前 5 位的国家较 2019 年有略微变化，但整体结构相对稳定。2020 年，Q（生物科学）类引进版科普图书数量相对稳定，与 2019 年一样，居于首位，但 I（文学）类、G（文化、科学、教育、体育）类引进版科普图书数量比 2019 年明显减少；R（医药、卫生）类、O（数理科学和化学）类引进版科普图书数量及占当年引进版科普图书总数的比重均略有增加。

（四）丛书

2020 年出版的科普图书丛书种数及占当年出版科普图书总数的比重较 2019 年略有增长。丛书出版主要集中在 R（医药、卫生）类、T（工业技术）类、S（农业科学）类和 Q（生物科学）类，与 2019 年情况基本一致；I（文学）类科普图书丛书出版数量锐减，而 K（历史、地理）类、U（交通运输）类和 X（环境科学、安全科学）类科普图书丛书数量较 2019 年增加近一倍。

（五）定价

2020 年出版的科普图书定价态势与 2019 年相比略有变化，科普图书定价仍基本以 21～50 元为主流，定价在 41～50 元的科普图书最多，2019 年则是定价在 31～40 元的科普图书数量最多，科普图书定价整体呈上涨趋势；定价在 41～100 元的科普图书所占比例较 2019 年略有增加。从科普图书学科与定价的交叉情况来看，各学科较为集中的定价区间为 41～50 元，其次为 31～40 元和 21～30 元，与 2019 年相比略有变化。值得注意的是，2020 年，0～50 元各定价区间中，R（医药、卫生）类图书都是分布最多的学科，而 2019 年该区间的学科分布较为分散。

（六）页数

2020 年出版的科普图书页数与 2019 年情况基本相同，都是以 101～200 页的最多，但占该年科普图书总数的比例较 2019 年略有下降；400 页以上的科普图书种数较 2019 年显著增多，科普图书"大部头"趋势再次显现。

三、出版地与出版社

（一）出版地

与 2019 年相比，2020 年全国出版科普图书的城市、出版图书在 100 种以上的城市数量只有略微差异，整体结构较为稳定；北京、上海、南京仍是出版科普图书数量最多的城市，北京出版的科普图书数量仍以绝对优势高于其他城市；出版科普图书在 500 种以上的城市由 3 个减至 2 个。出版科普图书排名前 5 位的城市仍以出版核心科普图书为主，但占当年全国出版核心科普图书总数的比例较 2019 年有小幅降低，出版的一般科普图书和泛科普图书的种数与比例都略有增长。

从学科分布来看，2020 年科普图书出版数量排名前 5 位的城市主要出版 T（工业技术）类、R（医药、卫生）类和 Q（生物科学）类科普图书，与 2019 年集中出版 T（工业技术）类、R（医药、卫生）类、I（文学）类、G（文化、科学、教育、体育）类科普图书略有变化。

与 2019 年相比，2020 年北京、上海出版引进版科普图书的种数均有较少，其中，从美国引进的科普图书出版种数降低较多，从日本引进的科普图书出版种数持续呈现增加趋势。

（二）出版社

2020 年，出版科普图书的出版社数量较 2020 年增加 14 家，占全国出版社总数的比例也有小幅上升。出版科普图书种数排名前 10 位的出版单位中，有 8 家与 2019 年重合，其中，化学工业出版社仍稳居第一；排名前 5 位的出版社全部为在京出版社。出版数量排名前 10 位的出版社出版的科普图书总数占当年全国科普图书出版总数的比例较 2019 年略有上升。

科普图书出版单位中，社名中含有"科学技术"的出版社数量和其科普图书出版总数占全国科普图书的比重均比 2019 年增加。此类出版社中，出版科普图书数量在 100 种以上的出版社增至 6 家，比 2019 年翻了一倍。2020 年出版科普图书数量排名前 10 位的出版社分布格局较 2019 年发生些微变化，人民卫生出版社进入排名前十行列，北京联合出版公司、中国农业科学技术出版社跌出前十。

2020 年，科普图书出版种数排名前 10 位的出版社侧重出版一般科普图书，与 2019 年侧重出版核心科普图书发生变化；出版主攻方向是 T（工业技术）类，次之是 S（农业科学）类和 R（医药、卫生）类，与 2019 年相比，R（医药、卫生）类是新增的主攻方向。从整体数据看，2020 年出版科普图书数量排名前 10 位的科普图书出版单位出版核心科普图书、一般科普图书、泛科普图书的总数较 2019 年略有增加；从个别突出类型看，S（农业科学）类科普图书的出版种数由 2019 年的中国农业出版社和中国农业科学技术出版社并驾齐驱，变为中国农业出版社和化学工业出版社领先。与 2019 年相比，2020 年出版引进版科普图书的出版社增加 11 家，但出版引进版科普图书的数量明显减少；出版引进版科普图书排名前 5 位的出版社发生较大变化，除中信出版社仍居榜首外，其他在 2019 年居于前 5 位的出版社位次都跌出前五，贵州人民出版社首次跻身前五；出版 50 种以上引进版科普图书的出版社减少 2 家。

各出版社在出版引进科普图书的国别方面，2020 年与 2019 年相比有略微变化，排名前 5 位的国家从美国、英国、日本、法国、德国变为美国、英国、日本、法国、韩国。不同出版社出版的科普图书在国别上存在差异，如二十一世纪出版社 2020 年译自韩国的科普图书最多，贵州人民出版社译自美国的科普图书最多。

四、作者、译者和主题词

（一）作者、主题词

2020 年出版科普图书数量排名前 50 位的作者出版的科普图书种数占全年出版科普图书的比重较 2019 年有小幅下降；从头部作者的分布情况看，童趣出版有限公司的作品超过儒勒·凡尔纳的科普作品位居榜单第一位；从作者作品在不同出版社的分布情况看，分散出版和集中出版两种情况依然存在，2017～2019 年连续三年情况类似；从科普图书的主题词来看，2020 年主题词数量较 2019 年增多，出现频次最高的主题词是"科学知识"，2019 年出现频次最高的主题词是"智力游戏"。除了"科学知识"是 2019 年和 2020 年排名前五的主题词外，其他主题词的位次和名称都有较大变化。

（二）译者、主题词

与 2019 年相比，2020 年引进版科普图书的出版数量明显减少，但译者数量有所增加。从译者个体排名来看，2020 年翻译科普图书最多的译者是千太阳，2019 年翻译科普图书最多的是王旭；连续多年位居译者榜单之首的陈筱卿，2019 年其排名落至第 9 位，2020 年再次跻身前列，位居第 2 位。从翻译作品的国别来看，2020 年出版引进版科普图书排名前 50 位的译者所翻译的科普作品主要来自美国、英国、法国、日本、韩国，与 2019 年主要来自美国、英国、法国、日本、德国略有差异。其中，同一作者翻译两个国家以上作品的人数从 2019 年的第 4 位降至 2020 年的第 3 位；从科普图书的主题词来看，2020 年出版引进版科普图书数量排名前 50 位的译者所翻译的科普作品涉及的主题词较 2019 年明显增多。2020 年出现频次较高的主题词是"漫画""科学知识""昆虫学"等，与 2019 年的"智力游戏""科学知识""图画故事"有较大变化。

附　　录

附录一 2019～2020年出版科普图书书目（部分）

附表 1-1 2019 年出版科普图书书目（部分）

国际标准书号（ISBN）	书名	著者、编者及译著等	出版单位
978-7-101-13929-7	山海经	方韬译注	中华书局
	徐霞客游记	朱惠荣译注	
978-7-108-06367-0	天真本色		生活·读书·新知三联书店
	快煮漫食	欧阳应霁著	
978-7-109-25997-3	一渠水里的智慧	米来童书著／绘	中国农业出版社
	节气歌里的秘密		
	一把锄下的历史		
	一束丝中的辉煌		
	一餐饭里的世界		
978-7-109-26240-9	鹦鹉螺	张胜茂，张满艺编著	中国农业出版社
	海马	安宏，张子麟编著	
	海龟	邹国华，严佳欣编著	
	斑海豹	伍玉梅，崔雪森编著	
	中华白海豚	范秀梅，肖瑶编著	

续表

国际标准书号（ISBN）	书名		著者、编著及译著等	出版单位
978-7-110-09864-6	平行		何夕著	科学普及出版社
	十亿年后的来客			
	天生我材			
	伤心者			
	异域			
	审判日			
978-7-110-09883-7	青少年航天基础课程：飞向太空		龚万骢，陈善辉著	科学普及出版社
	青少年航天基础课程：天地对话			
	青少年航天基础课程：人造卫星			
	青少年航天基础课程：小卫星 DIY			
	青少年航天基础课程：空间快递			

注：本表全表依据国际标准书号（ISBN）排序，本表只选取全表的部分数据进行展示，读者可扫描下方二维码获取完整书目。由于个别图书申请 CIP 时的出版时间与实际出版时间间有差异，故本表出版年份以全国图书馆联合编目中心数据库记录为准。

附表 1-2　2020 年出版科普图书书目（部分）

国际标准书号（ISBN）	书名	著者、编者及译者等	出版单位
978-7-03-066004-6	阿嚏	万群芳，马静益著	科学出版社
	豆豆历险记	彭曦，邓博文著	
	感冒了	蒋丽，曾思慈著	
	再见，雾霾君	阴绪容，唐路阳著	
978-7-101-14839-8	食疗本草	（唐）孟诜，（唐）张鼎撰	中华书局
	随园食单	（唐）袁枚撰	
	山家清供	（宋）林洪撰	
978-7-101-14840-4	茶经	（唐）陆羽撰，（明）朱权撰，（明）许次纾撰	中华书局
978-7-101-14921-0	新纂香谱	（宋）陈敬撰	中华书局
	园冶	（明）计成撰	
978-7-109-24156-5	当代中国生态解密：熊猫卷	王治安著	中国农业出版社
	当代中国生态解密：人口卷		
	当代中国生态解密：森林卷		
	当代中国生态解密：土地卷		
	当代中国生态解密：移民卷		
	当代中国生态解密：粮食卷		

续表

国际标准书号（ISBN）	书名	著者、编著及译著等	出版单位
978-7-109-26787-9	我们的星空：我们观星去	米莱童书著/绘	中国农业出版社
	我们的星空：星星的传说		
	我们的星空：下一站宇宙		
	我们的星空：目标太阳系		
978-7-110-09982-7	儿童安全锦囊：校园安全	王维浩编著	科学普及出版社
	儿童安全锦囊：生活安全		
	儿童安全锦囊：健康安全		
	儿童安全锦囊：交通安全		

注：本表全表依据国际标准书号（ISBN）排序，本表只选取全表的部分数据进行展示，读者可扫描下方二维码获取完整书目。由于个别图书申请 CIP 时的出版时间与实际出版时间有差异，故本表出版年份以全国图书馆参考联合编目中心数据库记录为准。

附录二　2019～2020年出版科普图书分类数据表

附表 2-1　2019 年出版的科普图书分类数据表

序号	科普图书类型	科普图书数量 / 种
1	核心科普	6 695
2	泛科普	1 798
3	一般科普	3 073
4	总计	11 566

附表 2-2　2020 年出版的科普图书分类数据表

序号	科普图书类型	科普图书数量 / 种
1	核心科普	5 889
2	泛科普	2 778
3	一般科普	3 479
4	总计	12 146

附录三 2019～2020年出版科普图书榜单

附表3-1　2019年出版科普图书数量排名前50位的出版社

序号	出版社	科普图书数量/种
1	化学工业出版社	427
2	人民邮电出版社	325
3	中国农业出版社	265
4	中信出版社	233
5	电子工业出版社	221
6	清华大学出版社	218
7	北京联合出版公司	206
8	机械工业出版社	203
9	中国农业科学技术出版社	180
10	江苏凤凰科学技术出版社	167
11	接力出版社	165
12	天地出版社	141
13	中国少年儿童新闻出版总社	139
14	科学出版社	137
15	中国轻工业出版社	131
16	长江少年儿童出版社	125
17	中国纺织出版社	120
18	北京理工大学出版社	108
19	北京科学技术出版社	105
20	青岛出版社	101
21	国家开放大学出版社	98
22	吉林科学技术出版社	93

续表

序号	出版社	科普图书数量／种
23	江苏凤凰少年儿童出版社	93
24	天津科学技术出版社	92
25	浙江教育出版社	92
26	湖南科学技术出版社	89
27	湖南少年儿童出版社	88
28	四川科学技术出版社	88
29	中国中医药出版社	88
30	中国林业出版社	87
31	福建科学技术出版社	83
32	人民卫生出版社	83
33	中国电力出版社	81
34	中国人口出版社	80
35	辽宁少年儿童出版社	79
36	中国医药科技出版社	78
37	黑龙江科学技术出版社	74
38	浙江少年儿童出版社	74
39	二十一世纪出版社	72
40	上海科学技术出版社	69
41	上海科学技术文献出版社	69
42	安徽科学技术出版社	65
43	江苏凤凰文艺出版社	63
44	中国水利水电出版社	63
45	河北科学技术出版社	62
46	中国铁道出版社	61
47	广东科技出版社	60
48	科学普及出版社	60
49	华东师范大学出版社	57
50	石油工业出版社	53

附表 3-2　2020 年出版科普图书数量排名前 50 位的出版社

序号	出版社	科普图书数量 / 种
1	化学工业出版社	459
2	机械工业出版社	355
3	人民邮电出版社	326
4	中国农业出版社	322
5	清华大学出版社	243
6	电子工业出版社	224
7	江苏凤凰科学技术出版社	210
8	中信出版社	182
9	科学出版社	181
10	人民卫生出版社	172
11	中国农业科学技术出版社	171
12	中国人口出版社	167
13	天津科学技术出版社	155
14	湖南科学技术出版社	131
15	中国中医药出版社	123
16	吉林科学技术出版社	114
17	北京联合出版公司	109
18	北京科学技术出版社	107
19	中国轻工业出版社	105
20	中国林业出版社	105
21	长江少年儿童出版社	102
22	中国盲文出版社	101
23	安徽科学技术出版社	97
24	中国少年儿童新闻出版总社	93
25	云南科技出版社	91

续表

序号	出版社	科普图书数量／种
26	中国科学技术出版社	88
27	河南科学技术出版社	87
28	上海科学技术出版社	84
29	北京理工大学出版社	83
30	中国纺织出版社	82
31	福建科学技术出版社	82
32	中国电力出版社	79
33	中国医药科技出版社	78
34	上海科技教育出版社	76
35	接力出版社	74
36	辽宁科学技术出版社	74
37	石油工业出版社	73
38	上海科学技术文献出版社	71
39	二十一世纪出版社	69
40	中国水利水电出版社	67
41	中国铁道出版社	66
42	中国建筑工业出版社	66
43	黑龙江科学技术出版社	66
44	北京时代华文书局	64
45	华中科技大学出版社	64
46	广东科技出版社	64
47	北方妇女儿童出版社	63
48	北京大学出版社	63
49	天地出版社	62
50	科学技术文献出版社	61

附表 3-3 2019 年出版科普图书数量排名前 5 位的出版地

序号	出版地	科普图书数量 / 种
1	北京	5654
2	上海	602
3	南京	530
4	成都	430
5	长春	359

附表 3-4 2020 年出版科普图书数量排名前 5 位的出版地

序号	出版地	科普图书数量 / 种
1	北京	6342
2	上海	577
3	南京	481
4	长春	370
5	成都	365

附表 3-5 2019 年出版科普图书数量排名前 50 位的作者

序号	作者	科普图书数量 / 种
1	儒勒·凡尔纳	69
2	国开童媒	64
3	童趣出版有限公司	58
4	亨利·法布尔	52
5	袁博	51
6	萨巴蒂娜	44
7	李毓佩	39
8	笑江南	36
9	欧内斯特·汤普森·西顿	35
10	上海新创华文化发展有限公司	32

续表

序号	作者	科普图书数量 / 种
11	崔钟雷	31
12	克里斯·费里	31
13	吴祥敏	31
14	燕子	31
15	Blue Ocean 公司	31
16	美国迪士尼公司	30
17	雨田	30
18	巨童文化	30
19	维·比安基	28
20	保冬妮	24
21	童心	24
22	王俊卿	24
23	夏吉安	24
24	杨杨	24
25	张龙	24
26	赵闯	24
27	庄建宇	24
28	北京华图宏阳图书有限公司	22
29	华强方特（深圳）动漫有限公司	22
30	江晓原	22
31	陈燕虹	22
32	陈敦和	19
33	明日科技	19
34	纸上魔方	19
35	北京市数独运动协会	18
36	新疆维吾尔自治区科学技术协会	18
37	高士其	17

续表

序号	作者	科普图书数量 / 种
38	和继军	17
39	西班牙 Sol90 出版公司	17
40	刘慈欣	17
41	文贤阁编写组	16
42	于春华	16
43	张志伟	16
44	OM 公司	16
45	崔玉涛	15
46	寒木钓萌	15
47	铃木守	15
48	英国尤斯伯恩出版公司	15
49	廉东星	14
50	蔡杏山	13

附表 3-6 2020 年出版科普图书数量排名前 50 位的作者

序号	作者	科普图书数量 / 种
1	童趣出版有限公司	51
2	法布尔	47
3	高士其	40
4	贾兰坡	36
5	范自强	33
6	上海新创华文化发展有限公司	33
7	覃祖军	33
8	米·伊林	32
9	中国人口出版社编辑部	32
10	英国尤斯伯恩出版公司	29

序号	作者	科普图书数量/种
11	李春深	28
12	闻邦椿	28
13	呦呦童	28
14	马丁·加德纳	25
15	黄宇	24
16	保冬妮	24
17	李四光	24
18	王俊卿	24
19	英国 DK 公司	24
20	全国畜牧总站	24
21	中国地理学会	23
22	明日科技	22
23	骑云星工作室	22
24	三个爸爸	22
25	洋洋兔	22
26	林晓慧	21
27	加古里子	20
28	张子剑	20
29	维·比安基	19
30	孙友超	18
31	央美阳光	18
32	《深度军事》编委会	17
33	刘兴诗	17
34	孟庆金	17
35	笑江南	17
36	杨杨	17

续表

序号	作者	科普图书数量/种
37	赵闯	17
38	乔治·伽莫夫	17
39	老渔	17
40	赵春杰	16
41	《小学科学探究实验报告册》编写组	15
42	寒木钓萌	15
43	书童文化	15
44	沈颖	15
45	韩雪涛	14
46	倪鑫	14
47	夏文彬	14
48	云狮动漫	14
49	迈克斯	13
50	蕾切尔·卡森	13

附表 3-7 2019 年出版的科普图书主题词 TOP 50 及其出现频次

序号	主题词	出现频次/次
1	智力游戏	495
2	科学知识	488
3	图画故事	365
4	幻想小说	270
5	漫画	246
6	动物	241
7	数学	215
8	长篇小说	206
9	恐龙	206
10	儿童小说	205

续表

序号	主题词	出现频次/次
11	植物	154
12	儿童故事	149
13	小学数学课	143
14	婴幼儿	119
15	宇宙	114
16	昆虫	113
17	二十四节气	110
18	童话	92
19	自然科学	91
20	鸟类	89
21	汽车	87
22	程序设计	86
23	表处理软件	84
24	人体	73
25	人工智能	69
26	地理	68
27	小儿疾病	66
28	科学技术	65
29	软件工具	64
30	养生（中医）	58
31	汉语拼音	58
32	天文学	57
33	森林	57
34	地球	57
35	儿童	55
36	菜谱	54
37	妊娠期	53
38	短篇小说	52
39	安全教育	52

续表

序号	主题词	出现频次 / 次
40	历史地理	51
41	昆虫学	51
42	海洋	51
43	物理学	49
44	食谱	49
45	保健	47
46	动画	45
47	办公自动化	44
48	环境保护	43
49	科学实验	41
50	图像处理软件	38

附表 3-8　2020 年出版的科普图书主题词 TOP 50 及其出现频次

序号	主题词	出现频次 / 次
1	科学知识	469
2	数学	272
3	动物	255
4	漫画	204
5	日冕形病毒	165
6	恐龙	161
7	汽车	138
8	植物	137
9	婴幼儿	129
10	新型冠状病毒肺炎	117
11	程序设计	114
12	软件工具	108
13	人工智能	107
14	自然科学	106

续表

序号	主题词	出现频次/次
15	小儿疾病	106
16	垃圾处理	103
17	纪实文学	99
18	宇宙	97
19	老年人	81
20	鸟类	80
21	人体	78
22	昆虫	75
23	地理	73
24	小学数学课	67
25	儿童	67
26	安全教育	66
27	报告文学	64
28	科学技术	63
29	二十四节气	63
30	古建筑	62
31	天文学	57
32	海洋	55
33	健康教育	55
34	大学生	55
35	昆虫学	54
36	野生动物	50
37	地球	50
38	养生（中医）	49
39	中医学	48
40	图像处理软件	48
41	机械设计	48

续表

序号	主题词	出现频次／次
42	环境保护	48
43	药用植物	47
44	细菌	47
45	女性	46
46	保健	46
47	人类起源	45
48	花卉	44
49	历史地理	43
50	中国医药学	40

附表 3-9　2019 年出版的引进版科普图书排名前 5 位的来源国别

序号	译著国别	科普图书种数／种
1	美国	756
2	英国	743
3	日本	392
4	法国	312
5	韩国	163

附表 3-10　2020 年出版的引进版科普图书排名前 5 位的来源国别

序号	译著国别	科普图书数量／种
1	美国	670
2	英国	649
3	日本	400
4	法国	263
5	德国	159

附表 3-11　2019 年出版引进版科普图书数量排名前 15 位的译者

序号	作者	科普图书数量 / 种
1	王旭	24
2	张梦叶	19
3	张依妮	19
4	那彬	19
5	小橙叮当	16
6	高源	15
7	朱雯霏	14
8	彭懿	13
9	陈筱卿	13
10	新光传媒	12
11	刘志清	12
12	苟振红	12
13	张焕新	11
14	张圣奇	11
15	沈丹丹	11

附表 3-12　2020 年出版引进版科普图书数量排名前 15 位的译者

序号	作者	科普图书数量 / 种
1	千太阳	26
2	陈筱卿	20
3	新光传媒	17
4	彭懿	15
5	邓颖	13
6	林开亮	12
7	马巍	12

续表

序号	作者	科普图书数量／种
8	苟振红	11
9	童趣出版有限公司	11
10	曹杨	10
11	龚勋	10
12	刘洋	10
13	王萌	10
14	易乐文	10
15	胡梅丽	9

附录四 部分出版社、作译者与学科、来源、主题词等交叉情况明细表

附表4-1 2019年出版科普图书数量排名前10位的出版社学科分布情况

学科分布	化学工业出版社	人民邮电出版社	中国农业出版社	中信出版社	电子工业出版社	清华大学出版社	北京联合出版公司	机械工业出版社	中国农业科学技术出版社	江苏凤凰科学技术出版社	总计
E 军事	8	1	0	3	0	12	1	9	0	0	34
F 经济	0	0	0	2	0	1	1	0	0	0	4
G 文化、科学、教育、体育	22	63	2	12	14	16	12	9	0	9	159
I 文学	15	13	6	16	11	2	32	5	1	0	101
J 艺术	17	23	0	5	10	9	1	0	0	0	65
K 历史、地理	4	2	1	8	1	4	15	1	1	2	39
N 自然科学总论	2	11	2	8	7	14	8	1	0	1	54
O 数理科学和化学	5	18	2	18	6	4	6	8	0	1	68

续表

学科分布	化学工业出版社	人民邮电出版社	中国农业出版社	中信出版社	电子工业出版社	清华大学出版社	北京联合出版公司	机械工业出版社	中国农业科学技术出版社	江苏凤凰科学技术出版社	总计
P 天文学、地球科学	12	14	6	22	4	9	25	5	0	4	101
Q 生物科学	40	16	17	51	24	6	45	2	2	19	222
R 医药、卫生	37	15	3	17	21	16	16	6	3	71	205
S 农业科学	66	2	207	8	2	0	6	26	162	11	490
T 工业技术	121	129	16	39	107	123	11	91	10	36	683
U 交通运输	39	0	0	2	4	1	0	35	0	0	81
V 航空、航天	6	6	0	6	0	0	5	3	0	1	27
X 环境科学、安全科学	19	0	3	0	2	0	3	0	1	0	28
Z 综合性图书	14	12	0	16	8	1	19	2	0	12	84
总计	427	325	265	233	221	218	206	203	180	167	2445

附表 4-2 2020 年出版科普图书数量排名前 10 位的出版社学科分布情况

学科分布	化学工业出版社	机械工业出版社	人民邮电出版社	中国农业出版社	清华大学出版社	电子工业出版社	江苏凤凰科学技术出版社	中信出版社	科学出版社	人民卫生出版社	总计
E 军事	9	16	0	0	16	1	0	1	1	0	44
F 经济	0	0	1	0	0	1	0	0	0	0	2
G 文化、科学、教育、体育	5	5	2	2	9	10	20	4	8	3	68
I 文学	0	1	0	1	1	0	1	3	0	3	10
J 艺术	16	2	30	1	2	8	0	11	1	0	71
K 历史、地理	7	4	5	1	2	4	3	22	12	3	63
N 自然科学总论	5	4	8	0	2	6	3	4	3	0	35
O 数理科学和化学	14	4	28	0	12	8	10	15	8	0	99
P 天文学、地球科学	6	20	11	2	1	6	8	10	4	1	69

续表

学科分布	化学工业出版社	机械工业出版社	人民邮电出版社	中国农业出版社	清华大学出版社	电子工业出版社	江苏凤凰科学技术出版社	中信出版社	科学出版社	人民卫生出版社	总计
Q 生物科学	23	2	33	16	3	18	10	43	45	0	193
R 医药、卫生	53	12	21	8	23	32	79	22	34	161	445
S 农业科学	80	33	4	269	1	3	17	7	37	0	451
T 工业技术	170	207	170	13	151	103	47	29	17	1	908
U 交通运输	33	37	1	1	0	9	2	3	3	0	89
V 航空、航天	3	3	1	0	7	2	0	2	1	0	19
X 环境科学、安全科学	18	0	0	8	4	1	0	2	6	0	39
Z 综合性图书	17	5	11	0	9	12	10	4	1	0	69
总计	459	355	326	322	243	224	210	182	181	172	2674

附表 4-3　2019 年出版科普图书数量排名前 30 位的出版社来源国别情况

出版社	美国	英国	日本	法国	德国	其他	总计
中信出版社	47	75	21	18	12	9	182
北京联合出版公司	39	38	16	14	3	12	122
人民邮电出版社	35	40	17	5	1	17	115
接力出版社	6	50	14	19	0	11	100
长江少年儿童出版社	7	30	5	6	21	0	69
北京科学技术出版社	30	5	19	1	2	8	65
国家开放大学出版社	11	6	0	1	31	12	61
电子工业出版社	15	18	2	5	4	16	60
天地出版社	22	1	0	6	0	29	58
二十一世纪出版社	2	0	6	0	0	48	56
机械工业出版社	29	7	12	0	1	5	54
湖南少年儿童出版社	10	9	1	0	0	24	44
清华大学出版社	13	17	2	0	0	11	43

续表

出版社	美国	英国	日本	法国	德国	其他	总计
化学工业出版社	12	8	10	2	1	9	42
译林出版社	9	1	0	6	21	1	38
湖南科学技术出版社	12	17	3	1	0	5	38
中国纺织出版社	8	5	8	0	0	15	36
中国轻工业出版社	12	2	11	8	1	2	36
新星出版社	13	10	5	5	0	0	33
北京理工大学出版社	21	6	0	1	2	3	33
中国少年儿童新闻出版总社	0	0	0	0	0	31	31
浙江少年儿童出版社	10	0	10	2	0	9	31
江苏凤凰少年儿童出版社	3	4	3	0	0	21	31
黑龙江少年儿童出版社	10	5	10	2	0	3	30
江苏凤凰文艺出版社	10	1	8	7	0	4	30
南海出版公司	3	3	20	0	0	3	29

续表

出版社	美国	英国	日本	法国	德国	其他	总计
中国农业出版社	1	2	4	0	0	20	27
青岛出版社	3	1	10	0	0	13	27
甘肃少年儿童出版社	1	12	0	13	0	0	26
吉林美术出版社	2	3	3	0	0	18	26
总计	396	376	220	122	100	359	1573

附表 4-4　2020 年出版科普图书数量排名前 30 位的出版社来源国别情况

出版社	美国	英国	日本	法国	韩国	其他	总计
中信出版社	39	47	10	6	1	28	131
人民邮电出版社	34	38	21	6	1	20	120
机械工业出版社	45	19	25	2	0	23	114
北京科学技术出版社	18	7	28	7	3	6	69

续表

出版社	美国	英国	日本	法国	韩国	其他	总计
贵州人民出版社	46	11	1	2	1	1	62
电子工业出版社	15	21	1	3	9	12	61
北京联合出版公司	13	16	14	3	3	6	55
接力出版社	0	29	10	11	0	4	54
上海科技教育出版社	42	8	0	0	0	0	50
长江少年儿童出版社	4	6	3	11	1	19	44
江苏凤凰科学技术出版社	2	10	5	6	1	18	42
二十一世纪出版社	1	1	1	2	33	3	41
湖南科学技术出版社	12	8	4	0	1	13	38
四川美术出版社	13	7	0	1	4	13	38
天津科学技术出版社	12	8	9	1	0	8	38
晨光出版社	7	11	1	0	4	12	35
华中科技大学出版社	8	4	11	5	0	7	35
化学工业出版社	9	4	6	1	5	10	35

续表

出版社	美国	英国	日本	法国	韩国	其他	总计
北京时代华文书局	2	17	6	4	0	4	33
中国纺织出版社	3	5	18	3	0	4	33
中国青年出版社	4	1	11	0	10	6	32
天地出版社	0	11	0	1	15	3	30
江苏凤凰少年儿童出版社	2	10	9	5	0	3	29
商务印书馆	11	10	1	2	0	5	29
海豚出版社	1	6	8	3	0	9	27
吉林科学技术出版社	0	0	0	0	22	4	26
生活·读书·新知三联书店	3	8	6	5	1	3	26
清华大学出版社	7	6	1	6	0	4	24
辽宁科学技术出版社	2	1	11	0	4	4	22
四川少年儿童出版社	6	1	0	0	3	12	22
总计	361	331	221	96	122	264	1395

2019～2020 年科普图书出版情况报告

附表 4-5 2019 年出版科普图书数量排名前 10 位的作者与出版社交叉情况

出版社	崔钟雷	上海新创华文化发展有限公司	笑江南	李毓佩	萨巴蒂娜	袁博	亨利·法布尔	童趣出版有限公司	国开童媒	儒勒·凡尔纳	总计
国家开放大学出版社	0	0	0	0	0	0	0	0	64	0	64
人民邮电出版社	0	0	0	0	0	0	0	58	0	0	58
中国少年儿童新闻出版总社	0	0	36	0	0	0	0	0	0	0	36
中国轻工业出版社	0	0	0	0	33	0	0	0	0	0	33
哈尔滨出版社	14	0	0	0	0	0	1	0	0	4	19
黑龙江美术出版社	17	0	0	0	0	0	0	0	0	0	17
南京大学出版社	0	15	0	0	0	0	1	0	0	1	17
长江少年儿童出版社	0	0	0	13	0	0	1	0	0	1	15
晨光出版社	0	6	0	0	0	7	0	0	0	0	13
辽宁少年儿童出版社	0	0	0	0	0	12	0	0	0	0	12

续表

出版社	崔钟雷	上海新创华文化发展有限公司	笑江南	李毓佩	萨巴蒂娜	袁博	亨利·法布尔	童趣出版有限公司	国开童媒	儒勒·凡尔纳	总计
青岛出版社	0	0	0	0	8	0	1	0	0	3	12
北方妇女儿童出版社	0	0	0	0	0	9	0	0	0	0	9
湖北科学技术出版社	0	0	0	9	0	0	0	0	0	0	9
安徽科学技术出版社	0	8	0	0	0	0	0	0	0	0	8
海豚出版社	0	0	0	8	0	0	0	0	0	0	8
新世纪出版社	0	0	0	0	0	6	1	0	0	0	7
江苏凤凰文艺出版社	0	0	0	0	0	0	1	0	0	5	6
浙江文艺出版社	0	0	0	0	0	6	0	0	0	0	6
安徽教育出版社	0	0	0	0	0	0	1	0	0	4	5
安徽少年儿童出版社	0	3	0	0	0	0	0	0	0	2	5
总计	31	32	36	30	41	40	7	58	64	20	359

附表 4-6 2020 年出版科普图书数量排名前 10 位的作者与出版社交叉情况

出版社	童趣出版有限公司	范自强	上海新创华文化发展有限公司	覃祖军	中国人口出版社编辑部	英国尤斯伯恩出版公司	高士其	贾兰坡	米·伊林	法布尔	总计
人民邮电出版社	49	0	0	0	0	0	0	0	0	0	49
化学工业出版社	0	0	0	33	0	0	0	1	1	0	35
河南人民出版社	0	33	0	0	0	0	0	0	0	0	33
南京大学出版社	0	0	28	0	0	0	2	1	1	0	32
中国人口出版社	0	0	0	0	32	0	0	0	0	0	32
接力出版社	0	0	0	0	0	29	0	0	0	0	29
北京教育出版社	0	0	0	0	0	0	4	4	4	0	12
吉林大学出版社	0	0	0	0	0	0	2	1	3	1	7
民主与建设出版社	0	0	0	0	0	0	3	2	2	0	7
长江少年儿童出版社	0	0	0	0	0	0	2	2	2	1	7
安徽少年儿童出版社	0	0	5	0	0	0	0	0	0	0	5

续表

出版社	童趣出版有限公司	范自强	上海新创华文化发展有限公司	覃祖军	中国人口出版社编辑部	英国尤斯伯恩出版公司	高士其	贾兰坡	米·伊林	法布尔	总计
甘肃少年儿童出版社	0	0	0	0	0	0	1	1	1	2	5
团结出版社	0	0	0	0	0	0	1	1	1	2	5
长江文艺出版社	0	0	0	0	0	0	1	1	1	2	5
黑龙江少年儿童出版社	0	0	0	0	0	0	2	1	1	0	4
吉林出版集团股份有限公司	0	0	0	0	0	0	1	1	0	2	4
江西高校出版社	0	0	0	0	0	0	1	1	1	1	4
山东人民出版社	0	0	0	0	0	0	1	1	1	1	4
商务印书馆	0	0	0	0	0	0	1	2	1	0	4
时代文艺出版社	0	0	0	0	0	0	1	1	1	1	4
总计	49	33	33	33	32	29	23	21	21	13	287

附表 4-7 2019 年出版科普图书数量排名前 10 位的作者出版科普图书的主题词分布情况

主题词	儒勒·凡尔纳	国开童媒	童趣出版有限公司	亨利·法布尔	袁博	萨巴蒂娜	李毓佩	笑江南	上海新创华文化发展有限公司	崔钟雷	总计
智力游戏	2	29	31	3	0	0	0	0	12	1	78
幻想小说	32	1	1	16	7	3	3	0	1	1	65
长篇小说	62	0	0	0	0	0	0	0	0	0	62
儿童小说	2	0	0	0	48	0	0	0	0	0	50
数学	0	0	0	0	0	0	37	0	0	2	39
漫画	0	0	0	1	0	0	0	34	0	0	35
图画故事	0	11	14	0	0	0	0	0	6	0	31
恐龙	0	0	1	0	0	0	0	7	0	12	20
科学知识	1	0	4	0	0	0	0	1	0	0	6
动物	1	0	3	0	0	0	0	0	0	2	5
总计	99	41	54	20	55	3	40	42	19	18	391

附表4-8　2020年出版科普图书数量排名前10位的作者出版科普图书的主题词分布情况

主题词	童趣出版有限公司	法布尔	高士其	贾兰坡	范目强	上海新创华文化发展有限公司	覃祖军	米·伊林	中国人口出版社编辑部	英国尤斯伯恩出版公司	总计
科学知识	9	1	4	0	0	0	1	28	0	2	45
数学	2	0	0	0	0	0	0	0	0	1	3
动物	7	1	0	0	0	0	0	0	0	0	8
漫画	0	1	0	0	0	2	0	0	0	0	3
恐龙	2	0	0	0	0	0	2	0	0	1	5
汽车	0	0	0	0	0	0	2	0	0	0	2
植物	3	0	0	0	0	0	0	0	0	0	3
婴幼儿	0	0	0	0	0	0	0	0	6	0	6
总计	23	3	4	0	0	2	5	28	6	4	75

附表 4-9　2019 年出版科普图书数量排名前 15 位的译者与主题词交叉情况

主题词	王旭	小橙叮当	高源	朱雯霏	彭懿	陈彼得	新光传媒	苟振红	张焕新	张圣奇	总计
智力游戏	22	0	0	1	0	0	0	0	10	0	33
科学知识	0	0	0	0	0	0	12	12	0	1	25
图画故事	0	0	0	0	13	0	0	0	0	0	13
幻想小说	0	0	0	0	0	7	0	0	0	0	7
漫画	0	0	0	0	0	0	0	7	0	0	7
动物	0	0	0	1	0	0	0	0	0	1	2
长篇小说	0	0	0	0	0	7	0	0	0	0	7
恐龙	0	1	1	2	0	0	0	1	1	1	7
总计	22	1	1	4	13	14	12	20	11	3	101

附表 4-10 2020 年出版科普图书数量排名前 15 位的译者与主题词交叉情况

主题词	千太阳	陈彼卿	新光传媒	彭懿	邓颖	林开亮	马巍	荀振红	童趣出版有限公司	曹杨	龚勋	刘洋	王萌	易乐文	胡梅丽	总计
科学知识	1	0	6	0	0	0	2	7	0	0	0	0	0	0	0	16
数学	3	0	0	0	0	12	0	0	0	0	0	0	0	0	0	15
动物	1	0	2	0	1	0	0	0	3	7	0	0	0	1	0	15
漫画	0	0	0	0	0	0	0	11	0	0	10	0	0	0	0	21
恐龙	2	0	1	1	0	0	0	0	0	0	0	0	0	0	0	4
汽车	0	0	0	0	0	0	0	0	0	1	0	0	0	0	0	1
植物	2	0	0	0	0	0	0	0	0	1	0	0	0	0	0	3
总计	9	0	9	1	1	12	2	18	3	9	10	0	0	1	0	75